日本労働法学会誌123号

債権法改正と労働法

日本労働法学会編
2014
法律文化社

目　次

《シンポジウム》
債権法改正と労働法

《報告》

労働契約法と債権法との関係性……………………… 野田　進　3
　　──総論的課題の考察──

労働契約における合意と債権法改正………………… 新屋敷恵美子　19
　　──労働契約の成立の場面を素材として──

労働条件の形成と変更………………………………… 野川　忍　39
　　──約款・事情変更原則等を中心に──

債権法改正と雇用の期間・終了……………………… 武井　寛　56

危険負担法理と役務提供契約………………………… 根本　到　73

〈コメント〉「債権法改正と労働法」………………… 大村　敦志　88

《シンポジウムの記録》

債権法改正と労働法…………………………………… 97

《個別報告》

イギリスにおけるハラスメントの救済……………… 内藤　忍　135
　　──差別禁止法の直接差別から平等法26条のハラスメントへ──

《回顧と展望》

「今後の労働者派遣制度の在り方に関する研究会報告書」
　を中心とする最近の派遣法改正論議について……… 沼田　雅之　151

解雇が無効とされて復職した直後における

　　年休権発生の有無……………………………… 戸谷　義治　162

　　　──八千代交通（年休権）事件・最一小判平25・6・6労判1075号21頁──

労災保険法上の給付を受ける労働者に対して

　　打切補償を支払って行われた解雇の有効性……… 佐々木達也　173

　　　──専修大学事件・東京高判平25・7・10労判1076号93頁──

《追悼》

島田信義先生の思い出……………………………… 石田　　眞　183

日本学術会議報告………………………………………… 浅倉むつ子　189

日本労働法学会第126回大会記事……………………………………… 191

日本労働法学会第127回大会案内……………………………………… 197

日本労働法学会規約…………………………………………………… 199

SUMMARY ………………………………………………………… 203

《シンポジウム》

債権法改正と労働法

労働契約法と債権法との関係性——総論的課題の考察——　　　　野田　進

労働契約における合意と債権法改正　　　　新屋敷恵美子
　　　——労働契約の成立の場面を素材として——

労働条件の形成と変更　　　　野川　忍
　　　——約款・事情変更原則等を中心に——

債権法改正と雇用の期間・終了　　　　武井　寛

危険負担法理と役務提供契約　　　　根本　到

〈コメント〉「債権法改正と労働法」　　　　大村　敦志

《シンポジウムの記録》
債権法改正と労働法

《シンポジウム》

労働契約法と債権法との関係性
——総論的課題の考察——

野　田　　進

(九州大学)

Ⅰ　は じ め に

　日本の労働契約法は，平成19 (2007) 年に公布され，同24 (2012) 年に改正
された後にも，わずか22か条からなるシンプルな法律である。それは，労働実
務において日々新たに生起する多様な労働契約紛争をカバーするにはほど遠い，
貧弱な内容といわなければならない。

　そうである以上，労働契約をめぐる紛争について手がかりとなる「規範」を
求めるについては，労働契約法だけでは不十分であり，一般法としての債権法
(契約法) に解釈の規準を求める必要がある。もっといえば，労働契約法が労働
契約上の諸問題に対する自律的な規範となり得るのは，その問題領域のごく一
部にすぎず，ほとんどは債権法に解決規範を求める必要がある。日本の判例は，
労働契約紛争の問題解決に当たって，債権法に規範を求めてきたし，今後もそ
のような試みを続けるに違いない。そして，労働契約法16条の解雇権濫用法理
に典型的に見られるように，判例が債権法に基づき定立した規範が実定法の内
容を形成するという，倒錯した規範形成さえ，わが国では当たり前になってい
るのである。

　こうした事情から，債権法がどのように改正されるかは，判例法を含む実質
的意味での労働契約法の規範がいかに改正されるかに直結する。今回の民法改
正は，明治民法，昭和民法に引き続く，「平成民法」を形成しようとする大改
正の試みである。したがって，かかる債権法の大改正は，実質的意味での労

シンポジウム（報告①）

契約法規範の大改正をも意味するのであり，まずは，そのことの事柄の重要性を確認しておきたい。

ところで，労働契約法という地点から債権法を見直すとき，その改正については二つの領域について検討しなければならない。一つは，民法債権各論における「雇用」の規定（すなわち，民法第3編「債権」第2章「契約」第8節「雇用」。以下，雇用関係規定という）の改正のあり方であり，これについては，同規定と労働契約法との関係についての問題や役務提供型契約の規整問題との関わりで議論が先鋭化した。

もう一つは，雇用関係規定に特化しない，債権法全般（「総則」規定を含む）における関連規定の改正のあり方であり，これについては，契約締結過程や契約の成立の形態や契約の解釈に関する諸原則，約款規制と就業規則等の労働契約の内容決定規整との関連，危険負担の規定改正の及ぼす影響，継続的契約関係等の規整のあり方などが，労働契約の法理の解釈に直截の改革をもたらすのであり，本特集における各論の課題である。

本稿では，これら二つの問題領域に通底する総論的課題として，「労働契約法と債権法との関係性」に焦点を絞り，これを基軸に，債権法改正と労働契約法との関係のあり方について考察したい。

II　債権法改正案における雇用関係規定と労働契約法

1　債権法と労働契約法の統合の可能性

(1)　改正案の推移

債権法改正にともなう雇用関係規定に関する第1の課題は，雇用関係規定と労働契約法との関係，またはそれらの統合問題である。債権法の改革案である3種の方針案，すなわち①民法（債権法）改正検討委員会による2009年3月31日付け「債権法改正の基本方針」（以下，【基本方針】という），②法制審議会民法（債権関係）部会第26回会議による2011年4月12日付け「民法（債権関係）の改正に関する中間的な論点整理」（以下，【論点整理】という），および，③法制

1）　大村敦志『民法改正を考える』（岩波書店，2011年）25頁以下。

審議会民法（債権関係）部会第71回会議（2013年2月26日開催）決定である「民法（債権法関係）の改正に関する中間試案」（以下，【中間試案】という）は，この問題について次のような構想を示している。

すなわち，【基本方針】は，「将来的には『労働契約法』と統合する」が，それまでは，雇用に関する規定は「労働契約の基本的な補充規範として整序する」とする。次に，【論点整理】は，「将来的には民法の雇用に関する規定と労働契約法の関係の在り方が検討課題となり得る」が，「当面……現状を維持し，雇用に関する規定は，引き続き民法に置く」とする。そして，【中間試案】は，この問題について，何も言及しない。このように，両者を労働契約法に統合する考え方は，将来的にこれを行うとの案から，将来的に検討課題になり得るとの案に後退し，最終的に消滅したのである。

(2)　議論の収束の方向

この文脈からすると，【中間試案】では，債権法改正は両者を労働契約法に統合することを「将来的に」も検討課題にさえしないという考え方に帰着したとみるしかない。そうすると，民法における雇用関係規定と労働契約法との関係の問題は，現状維持のままなんら決着が付けられることなく，将来的にも問題が持ち越されることになる。このことは，民法の体系整備の全体から見れば，さして大きな意味を持つものではないが，労働法サイドからは，この重要問題の解決のための歴史的チャンスを放置して失いつつあることになるのであり，我々は，このことの意味の重さを確認しておく必要があろう。

2　債権法における雇用関係規定のあり方

次に，将来における統合の可能性の問題とは別に，現行の規定関係をどのように整序するかが問題となる。その考え方について上記3種の改革案では，次のように推移している。

すなわち，【基本方針】は，将来的になされる統合後にも，民法に「雇用」の定義規定のみ残すのが適当との見解を示している。【論点整理】は，「利便性への対応」の観点から，①安全配慮義務（労契法5条）や解雇権濫用の法理（同16条）に相当する規定を民法にも設けるという考え方，②民法627条1項の規

シンポジウム（報告①）

定を，使用者からの解約に限り2週間を30日に変更して「労働関係法規上の私
法ルールを民法に反映させる」との考え方を検討すべきものとする。最後に，
【中間試案】は，改正の一般方針を明らかにしていないが，改正案の項目を見
ると，①あまりに旧弊で現状に合わない定めを除外する改正（626条の改正案，
627条2項・3項の削除案），および，②危険負担の規定（536条2項）が削除され
るに伴いこれを雇用関係規定の一部として残す改正にとどまり（648条の趣旨を
雇用契約にも組み入れる改正案もあるが，これには慎重な意見もある），いずれにせよ
最小限の部分的整序を提案するにとどまる。そして，民法の雇用関係規定に，雇
用に関していかなる規定を・いかなる理由で定めを置くかの方針についても沈
黙している。

3 雇用関係規定と労働法との規整分配

視点を変えて，雇用関係規定と労働契約法との関係を，約120年余りの民法
の歴史の中で再確認したい。債権法と労働立法の成立との関係を遡ると，大き
く4つの時期区分に分けることができる。①1890年～1896年のいわゆる旧民法
の時代[2]，②1896年～1947年の民法制定後労基法制定までの期間，③1947年～
2007年の，労基法（第2章）により保護的な内容規制が同13条を通じて行われ
た期間，および，④2007年以降の労働契約法の制定された期間である。このよ
うにみると，民法120年の各時期において，民法における雇用に関する規定の
有する意義は，大きく変遷してきた。概括的にいうと，次のとおりである。

(1) 旧民法の時期を含めて戦前の50年間（上記①および②の期間）では，労働
契約に関して，民法の雇用に関する規定は自己完結的であり，民法の枠内，す
なわち民法の雇用関係規定と債権法の総則的規定によって問題が解決されてい

---

2) 旧民法においては，有期労働契約の期間の上限は1年とされている（財産取得編261条1
項）。また，期間の定めのない契約の解約申し入れは「不利ノ時期」に行ってはならず，「悪
意ニ出テサル」ことを要求しており（同260条2項），解雇権濫用法理の初期形態がみられた。
さらに，即時告知の際「地方ノ慣習ニ従ヒ雇傭ノ新契約ヲ為スニ困難ナル季節ニ生シタルト
キ」は使用者に対し損害賠償を命じる旨の規定がある（同263条）。旧民法における雇用関係
規定の生成と破綻については，矢野達雄「日本民法典における雇傭規定の成立(1)(2)」愛媛
法学13巻1号115頁，2号207頁（1986年）。

た。驚くべきは，②でもたらされた民法の雇用関係規定の，堅牢な不変性である。同規定は1896年の施行以後の実に120年近くの間，日本社会における雇用実態の幾多の大変動にも関わらず，不磨の規定として一言一句の改正もなく（2004年の現代語化による改正を除く），労働契約法制の中心的立法として今日に至っている。

　(2)　戦後の60年間（上記③の期間）では，1947年施行の労基法が，第2章において，同法の目的とする最低労働条件保障（労基1条2項）および労働条件対等決定の理念（同2条1項）の一環として労働契約を規制した。しかし，同章は本格的な契約規整を意味するものではなく，むしろ民法の総則規定（信義則，濫用規制等）が，労基法の上記保護理念と相まって，判例による積極的で創造的な解釈作用を生み出した。

　(3)　しかし，2007年に労働契約法が制定されてからは，状況は一変したはずである。その制定により，民法の雇用関係規定と労働契約法は，労働契約の規整立法として並立することとなったからである。しかしながら，両規範は，当初より相互の関連性を明確に説明することなく併存することになったため，部分的に不整合となり，一部には二重規範と受けとるべき状況が出来した。解雇を例にとるならば，「いつでも解約の申し入れをすることができ…雇用は…2週間を経過することによって終了する」とする民法627条1項の規定と，「客観的に合理的な理由を欠き，社会通念上相当であると認められない場合は……無効」と定める労契法16条の規定とは，系統的に法律学を学んでいない者にとって，矛盾する規範と受け取られてもやむを得ない。解雇という労働者の最重要の問題について，異なる二重規範があることは，「国民に分かりやすい」とはいえず，専門家の間ですら果てしない論争を生み出す。上述のように，【論点整理】は，現行法に対して「利便性への対応」という控えめな理由で是正を提案するにすぎないが，「利便性」の欠如どころか，一国の体系的な規範としての体をなしていないとさえ言いうる。

---

3)　民法を，「国民一般に分かりやすいものとする」ことが，法制審議会に付託された諮問課題の一つである。法制審議会第160回会議諮問第88号（平成21年10月28日）。内田貴『民法改正のいま——中間試案ガイド』（商事法務，2013年）3頁。

シンポジウム（報告①）

4　体系性の回復のための解決

(1)　統合説と分離規定説

　民法の雇用関係規定と労働契約法との体系的不備を打破するためには，二つの解決法しかない。第1に，民法の雇用関係規定を廃棄して，すべて労働契約法に委ねるようにする方法であり，「統合説」と称せられる。これは，先に述べたように【基本方針】の考え方であり，比較法で例を求めるとフランス労働法の規定方法である[4]。第2には，雇用関係規定を，一定の基準により民法の雇用に関する規定と労働契約法とに振り分けて規定する方法であり，「分離規定説」と称する。比較法の例では，ドイツ労働法における規定方式である[5]。

　ところで，この問題には，日本ではさらに雇用契約と労働契約との異同という別の要因が加わって，問題の理解と解決をさらに複雑にしている。

(2)　「同一説」と「峻別説」

　よく知られているように，日本では，雇用契約と労働契約との関係について，両者を同一のものと見る「同一説」と，両者を区別する「峻別説」とがあるといわれている。そして，近年は同一説が通説的であるが，最近では「新峻別説」が主張されている。そして，この「同一説」・「峻別説」の区別を，労働契約に関する規定のあり方である上記「統合説」・「分離規定説」の区別にクロスさせるとき，各説は，雇用関係規定と労働契約との間の関係性に対して，その見解を雄弁に表現するようになる。**図表1**の各象限が示す，四つの立場である。

(3)　各説はどのような「関係性」を表現するか。

　〈同一説・統合説〉は，労働契約法が，労働契約についてのすべての問題を適用対象とすべきであるとする。労働契約法は，すでに不十分ながら契約法としての独自の規範を備えており，今後さらに内容を充実させて，自己完結的な労働契約法として確立されるべきである。【基本方針】は，そのような立場を

4）　解雇規制を例にとると，フランスでは，無際限の役務の約束を禁じる趣旨の1か条（民法典1780条）を残すほかは，労働法典において，人的雇用・経済的解雇の制度，解雇の正当事由，解雇予告・同手当，解雇の手続等々，多岐に亘る詳細な解雇制限規定を設けている。
5）　ドイツの解雇規制では，BGB 620条以下で，解約告知期間，書面性，即時解雇等について規定する一方，解雇制限法（KSchG）等で，社会的不当解雇，補償金請求権，変更解約告知，異議，提訴等の規定を設けている。

図表1 「同一説」・「峻別説」と「統合説」・「分離規定説」の関連

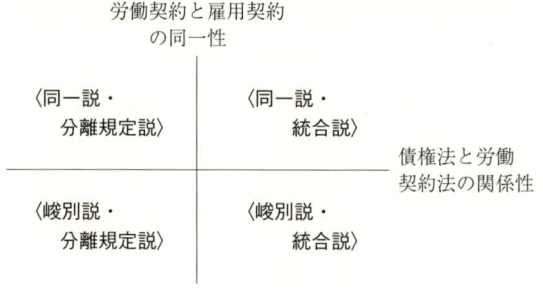

示したということができよう。

〈同一説・分離規定説〉は，労働契約法は労働契約の問題を取り扱うが，より契約法的な部分については，民法・債権法から切り離されるべきではなく，債権法の内部に位置すべきであるとする。労働について，日本で契約的理解が定着したことにはなお不信感があり，民法の内部に位置することで「思想としての」契約法理を確保すべきであるとする。和田肇説はかかる見解と理解され[6]，上述（前掲注5）参照）のドイツの立法方式がそれにあたる。

〈峻別説・分離規定説〉は，債権法としての「雇用」には，労働契約とは異なる独自の適用対象があるとみるべきであるとする。それらの使用従属関係では説明できない雇用の類型（＝役務提供契約の一部）は，債権法の雇用関係規定により規整されるべきであり，そのために分離規定を維持すべきである。学説では，鎌田耕一説がかかる見解と理解される[7]。

〈峻別説・統合説〉は使用従属関係のもとにない非労働者の契約についても，これを労働契約に準ずるものとして，労働契約法に統合して規整の対象とする。それらの者については，労働契約法の一部規定を適用除外にすればよい。労働契約法を「働く者」一般の契約法と位置づけて，部分的に非労働者についても適用対象とする。上述（前掲注4））の，フランスの立法がこれに近い。

以上のうち，【中間試案】は，「同一説・分離規定説」に近い立場であると見

6） 和田肇「思想としての民法と労働法」法時82巻11号（2010年）4頁。
7） 鎌田耕一「雇用，労働契約と役務提供契約」法時82巻11号（2010年）12頁。

シンポジウム（報告①）

るしかない。上述のように（3(3)），雇用関係規定と労働契約法とは併存状態
であって分離規定と解するしかないし，労働契約と雇用契約との峻別を明らか
にする方針も打ち出していないからである。ただ，現行法を基本的に維持する
同案は，分離の基準，すなわち，いかなる基準により債権法が雇用に関する規
定を残し，あるいは労働契約法に委ねるかの基準を明らかにしていないし，た
とえば解雇については，上述のように矛盾する二重規範とさえ受け取られかね
ない規定ぶりのままである。また，有期労働契約の規制について，民法628条，
労基法14条，労契法17条以下が規定を分けていることの意義も明らかでない[8]。
債権法改正は，当面，最も修正の少ない「同一説・分離規定説」を採用すると
しても，分離の基準を明確にして再編成すべきであり，将来的には，労働契約
法の規定の充実・整備を前提に，統合の方向に移行すべきと考える。

Ⅲ　債権法改正と労働契約問題における法適用と解釈

1　労働契約問題における規範選択のあり方

ここでは，債権法の雇用関係規定を離れて，労働契約の解釈問題との関わり
で，債権法全般の関連規定に目を向けたい。

前述のように，労働契約法の規範の内容は乏しく，民法の多くの規範に解決
基準を求めるのが実情である。それでは，私たちは，労働契約に関わる問題の
解決に迫られたとき，いかなる思考経路によって民法の規範を取り込もうとし
ているだろうか。これについて，かつてフランスのある労働法学者は，**図表2**
に示すような，二進法的な規範選択の思考方法を提示した[9]。すなわち，労働契
約法上の新しい課題に遭遇したとき，解釈者は，①所定の労働法規により解決

---

8)　労契法18条の「5年超え」無期転換の規定は，別の法令によってあっさりと否認されて
　されている（改正された研究開発力強化法15条の2は，この5年要件を10年に延長する旨の
　定めを設けた）。労働契約の期間の定めについての規範的な重み（＝公序性）が，規定の分
　散により軽視されたことによると解される。

9)　Jean Pélissier, Droit civil et contrat individuel de travail, Droit Social 1988 387. の論
　述に着想を得た表である。この論述については，野田進「労働契約論における民法の一般原
　則」阪大法学149・150号（1989年3月）に掲載している。

図表2 法選択のロジック

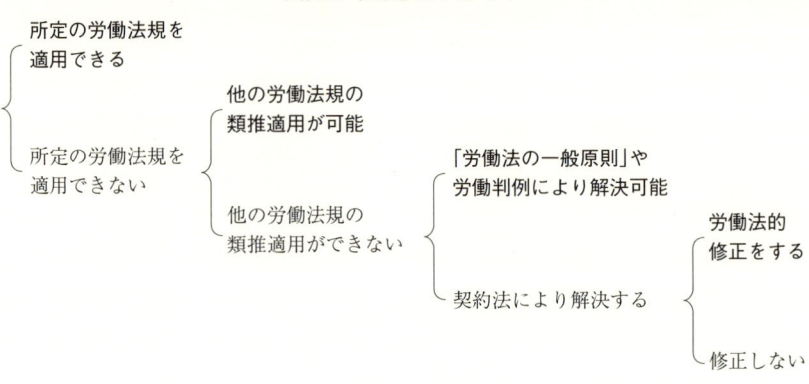

できるか否かを判断し，それが可能なときは労働法の規範を選択するだろう。②所定の労働法規により解決できない場合にも，他の労働法規を類推適用することにより解決できるか否かを検討し，それが可能な場合には労働法規を類推適用するであろう。③労働法規範の類推適用による解決もできないとき，さらに労働法の一般原理や判例を規範として解決することを検討するであろう。④労働法の一般原理等により解決を導くことができないとき，契約法を規範として解決を図ろうとするが，なお労働法の原理に即して修正適用する必要があるかを検討し，その修正を試みる場合もあるであろう。

2　労働法重視（travailliste）と民事法重視（civiliste）

　このように，労働契約に関わる解釈問題に直面したとき，われわれは，順次各ポイントでのスイッチの選択を通じて，適用すべき規範の選択を行っている。そして，①〜④の各選択局面での二者択一において，**図表2**の上側のゴチックで記した選択をする考え方，すなわち，どの段階でもできるだけ労働法の規定を適用または類推適用し，労働法独自の理念を追求する解釈態度を，travailliste と呼ぶことにしよう。また，下側の通常字体で記した選択をする考え方，すなわち，特段の労働法の規定のない限り契約法としての一貫性を重視する解釈態度を，civiliste と呼ぶことにしよう。

　より具体的に，債権法改正に即していうならば，例えば，後掲の野川論文で

シンポジウム（報告①）

指摘するように，企業年金の減額または廃止問題に直面したとき，その解決を就業規則の法理（労契法10条）を類推適用することによるのか，それとも債権法の約款規制に依拠するのか。あるいは，後掲の新屋敷論文で指摘する内々定といった労働契約の成立問題に直面するとき，内定に関する判例法理を類推適用するのか，それとも契約成立に関する債権法の一般法理に解法を求めるべきかという問題である。

ところで，この travailliste か civiliste かという規範選択の態度を決定する基準（＝対立軸）を，我々は何に求めているのだろうか。この，解決規範の選択基準として，さしあたり，「弱い立場」の労働者にできるだけ保護的な規範である労働法規範を選択すべきであるとするプロレーバーの立場が travailliste であり，労働者保護という価値判断を意識せず契約法としての体系的一貫性を重視する非プロレーバーが civiliste である，という説明が考えられよう。

3 Civiliste は労働者非保護的か

しかし，かかる理解は，債権法改正案を考えるとき，一面的であって妥当ではない。というのは，【中間試案】においては，当事者の交渉力の格差を前提とした，相手方保護ないし弱者保護の理念が多く組み込まれているからである。例えば，次のとおりである。

（1）約款規制法理にかかる内容規制では，不意打ち条項（第30の 3 「相手方が約款に含まれていることを合理的に予測することができない条項」）や，不当条項規制（第30の 5 「契約条項は……相手方に過大な不利益を与える場合には，無効とする」）の定めが予定されている。これらは，労契法 7 条において「就業規則が合理的」であることを拘束力の要件とするのみで，それ以上に内容規制を行おうとしない定めよりも，弱者たる労働者に保護的であるようにみえる。

（2）契約内容の通知についていえば，【中間試案】（第27の 2 ）「契約締結過程における情報提供義務」においては，①契約の相手方が契約の締結前に知り・知り得た情報で，②それを与えられていれば契約を提供しなかったような内容であり，③自ら入手できなかったようなもので，④そこから生じる損害を一方が負担するのが妥当でないときには，その損害について賠償義務を負う旨の定

めを提案している。この定めは，労働契約法7条では「労働契約を締結する際」に就業規則の周知をなし，または労働基準法15条では「労働契約の締結に際し」労働条件の明示をするにとどまる労働法の規制に比べると，より積極的な弱者保護となりうる[10]。

(3) 継続的契約に関して，【中間試案】は，期間の定めのない契約の終了（第34の2(3)）については，「当該契約を存続させることにつき正当な事情があると認められるときは，当該契約は，その解約の申し入れによっては終了しないものとする」としている。その結果，解雇の自由を定める民法627条の特別規定の方が非保護的であるという逆転現象が生じることになり，さらには解雇権濫用法理（労契法16条）よりも，保護的とみることも可能である。

(4) さらに信義則の問題がある。【中間試案】（第26の3）では，信義則の具体化として「付随義務及び保護義務」の項目を設けて，契約当事者は，「当該契約において明示又は黙示に合意されていない場合であっても」，①「相手方が当該契約によって得ようとした利益を得ることができるよう，当該契約の趣旨に照らして必要と認められる行為を」，また，②契約の履行にあたっては，「相手方の生命，身体，財産その他の利益を害しないために当該契約の趣旨に照らして必要と認められる行為をしなければならない」と定めている。注目されるのは，第1に，これらの義務が「黙示に合意されていない場合」にも生じることが明記され，当事者間の合意を媒介しない契約外の義務であることが確認されている点である。これによれば，労契法5条が，安全配慮義務につき「労働契約に伴い」生ずる義務に限定しているのに比べると対象が広くなると考えられる。第2に，この定めは，これらの行為を「しなければならない」として法定義務として定めている点であり，この点では労契法5条が「必要な配慮をするものとする」と定めるにとどまるのと比較すると，より強く義務の履行を求めていると解されよう[11]。

---

10) 労働者も情報提供義務を負う点では，必ずしも労働者保護的とはいえない側面もありうるが，労使間の情報量および情報収集能力の格差を考えるならば，労働者よりも使用者の情報提供義務の効果を考える方が現実的であり，その意味で，より労働者保護的に作用するであろう。

シンポジウム（報告①）

　以上を要するに，【中間試案】の描く債権法では，民法の契約終了や解釈理念の方が，労働契約法よりも労働者保護や雇用安定に資する場面が多いのである。したがって，労働者保護的であるか否かが，規範選択のための分岐軸となるわけではない。

4　労働契約の解釈における実用主義（pragmatisme）

(1)　新たな分岐軸

　それでは，再び，規範選択を決定する真の対立軸は何であったろうか。これについて，私は以下のように考える。

　こんにち，労働契約の法理においては，規範選択にあたっての対立軸は，実用主義 pragmatisme か理論追求主義 théoricien かという対立関係にあると解される[12]。すなわち pragmatisme アプローチは，労働契約上の解釈や制度設計において実務的に有用であるかを中心に考える立場であり，企業労働の実情に目を向けて，その特性から契約論では割り切れない本質があることを強調し，契約理論から距離を置いて，労務の実情に即した解釈をなすべきであるとする。確立した法理でいうならば，例えば，秋北バス事件最高裁判決は[13]，「近代企業」において「労働条件は，経営上の要請に基づき，統一的かつ画一的に決定され」るという実務的要請を根拠に，就業規則の法的規範性を導く法理を確立し，労働契約における契約法理の貫徹を後退させている。また，富士重工事件の最高裁判決は[14]，「企業秩序は，企業の存立と事業の円滑な運営の維持のために必要不可欠なもの」という実務的要請から，「企業」（使用者ではなく）の懲戒権を根拠付けている。こんにちに目を向けると，当該企業での実情や利益状況を

---

11)　法律行為総則に属する方針であるので，列挙に加えていないが，【中間試案】第1の2(2)における，いわゆる「暴利行為」たる法律行為の無効は，注(10)の場合と同様，労使間の情報量および情報収集能力の格差を考えるならば，労働者保護的に作用するであろう。

12)　この理論は，Gérard Couturier, Les techniques civilistes et le droit du tavail, D. 1975 Chron. 151 (I)，221 (II). から示唆を得ている。同論文の内容紹介については，野田・前掲注9)掲載論文を参照。

13)　最大判昭43・12・25民集22巻13号3459頁。

14)　最3小判昭52・12・13民集31巻7号1037頁。

労働契約法と債権法との関係性（野田）

図表 3　労働契約法の規範選択における travaillste と civiliste

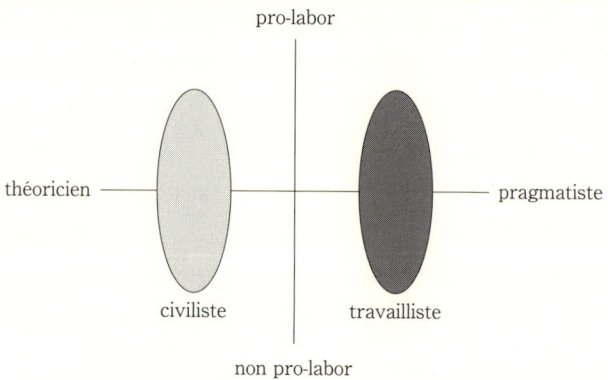

考慮の中心とする裁判例の傾向[15]，あるいはここで詳論はしないが解雇特区のような政策議論[16]も，理論の体系性を犠牲にして実用的解決を急ごうとする一例である。

　こうして，日本の労働法理一般において，travailliste と civiliste の対立軸が，かつての pro-labor 対 non pro-labor の対立（**図表 3** の上下対立）から，pragmatisme アプローチ対 théoricien アプローチの対立（**図表 3** の左右対立）に移行してきたとみることができる。そして，こうした対立局面の中で，今日ではしばしば，pragmatisme の立場の優位により，規範選択（すなわち法解釈）や政策

---

15)　一般論から具体的判断を導く演繹法理ではなく，当該事案における具体的な実務の諸事情を列挙して総合判断する帰納法理をとろうとする最高裁の近年の判断傾向は pragmatisme を体現している。例えば，出向における労働者の同意要件を判断する，新日本製鐵（日鐵運輸）事件・最 2 小判平15・4・18，あるいは，労組法上の労働者性判断（一例として国・中労委（ビクターサービスエンジニアリング）最 1 小判平24・12・21民集66巻 3 号955頁）などが典型。

16)　周知のように，2013年に国家戦略特区ワーキング・グループが戦略特区案の一部に「労働特区」構想を提案し，さらにその一環として「研究者特区」が主張された。かかる要請により，議員立法で「研究開発力強化法」の改正がなされ（同年12月13日公布），前掲注 8 ）の結果となった。他方，国家戦略特別区域法（同年12月 7 日成立）37条では，特区の一定の事業主に対して，紛争の未然防止のために特別の「雇用指針」をふまえた情報提供がなされるものとされた。実務的要請が，法原則を攪乱している。

シンポジウム（報告①）

決定が行われている状況にあることが見て取れるのである。このように労働実務の優位性は，労働法における契約理論の貫徹を遮断して，実務や利益状況を根拠とする独自の労働法理を主張し，構築しようとする。

(2) 債権法改正における pragmatisme

注目すべきなのは，この実用主義志向による労働法の独自性の主張は，プロレーバーか否かの区別なく存在する点である。今回の債権法改正においては，pragmatisme を志向する立場が，pro-labor であれ non pro-labor であれ，いわば「同床異夢」のかたちで一致して，債権法改正による労働法への影響を最小限に食い止めようとしているかに見える。その結果，債権法改正では，実用的観点が強い発言力を持ち，これまでの労使関係の実務を守る立場から，強く現状維持を志向する立場を形成したのではないか。

言説による若干の例証を試みよう。日本労働弁護団債権法プロジェクトチーム「債権法改正中間試案に対する意見書」(2013.6.17) は，その冒頭パラグラフでいみじくも次のように述べる，「今回の債権法改正によって，これら実務によって形成されてきた労働判例及び労使慣行が変質させられ，労働者の権利が不当に制約ないし後退させることがあってはならない。」そうして，同意見書は，中間試案による雇用関係規定における最小限の改正試案について，ことごとく「賛成する」との立場を表明するのである。

他方，経営法曹会「民法改正」に関するプロジェクトチーム「民法（債権法）改正に関する意見書」(2011.4.28) は，【論点整理】に対する意見を表明したものであるが，例えば，期間の定めのない継続的契約の解約規制について，「労働関係法（運用ルールを含む）を除外すべきである」とし，その理由として「現行の労働契約の解消ルール（特別法たる労働関係法を含む）を変更する必要性は見出せないし，現行の解消ルールを変更する効力を持たせるのであれば，実務の混乱を招く」としている。その他にも，「現行の判例法理及び労働契約実務を変えることになる恐れが強い」との観点から改革反対が主張されている。[17]

---

17) さらに，内田貴・前掲3）書139頁によれば，民法536条2項の「債権者の責めに帰すべき事由」と労基法26条の「使用者の責めに帰すべき事由」との意義の違いを明確にするために，表現を改める議論が生じたが，「実務の要請」が重視されて，この改正が阻まれたといわれる。

5 pragmatisme アプローチへの危惧

このように債権法改正の論議では，労働契約においては，優位に立つ prag-matisme が travaillste と結びつくことにより，既存の労働実務を守ろうとする守旧的な役割を演じることとなった。しかし，1で見たように，【中間試案】が十分な改革の展望を提示していないことを考え合わせると，これについては危惧を抱かざるを得ない。

第1に，pragmatisme アプローチのもとでは，これまで述べてきた，債権法と労働契約との関係性や規範選択の問題が，法改正のチャンスを活かすことなく，分かりにくいまま残されている。しかも，このように曖昧で分かりにくいままにしておく方が，実務上自らの立場に有利な解釈を維持できると考えられているようにみえる[18]。こうして，問題の棚上げ状態が今後も続くことになる。

第2に，労働契約に対する債権法改正の影響を回避することにより，契約法全般の動きの中で，労働契約だけが取り残されることが懸念される[19]。労働法における実用主義は，契約法の理論の貫徹を排除して，実務に親和的な独自の法理や政策を形成してきた。しかし，労働契約法の基礎とされる「合意の原則」が，しばしば実用主義の要請により切り崩されることを，我々はこれまで経験してきた。もちろん，pragmatisme アプローチは常に守旧的であるわけではなく，改革的展開もありうるであろう。また，審議に参画した実務家委員自身に pragmatiste というレッテル貼りをすべきでもないであろう。しかし，こと債権法改正の審議過程の局面では，実務重視は守旧的に作用し，改革を阻止する役割を演じることになり，かつそれが成功しつつあるのである。

---

18) ある委員は，部会審議の中で，契約の成立に関する規定の議論状況について，「何となく分かりにくくなっているので分かりにくいままにしておこう，それが分かりにくくて便利だ，という主張にほかならない」と批判している（法制審議会民法（債権関係）部会第9会議議事録14頁）。議論状況の本質を突いた批判であろう。

19) フランスでは，民法典には労働契約に関する規定は存在せず，労働法典に独自の労働契約の体系を作り上げている。しかし，それは労働法が「隔離」されているからではなく，労働関係が契約法理により基礎づけられているという，揺るぎない共通理解が存在することから，民法典の内部に雇用に関する規定を設ける必要がないと考えられたからである。しかし，そのフランスでも，実用主義により契約法理が遮断されていることは，G. Couturier 教授の前掲注12)論文が鋭く指摘するところであった（野田・前掲注9）論文を参照）。

シンポジウム（報告①）

Ⅳ　む　す　び

　本報告のⅠで見たように，民法の雇用関係規定において，中間試案では，結局は抜本的な改正が施されず，最小限の調整がなされたに過ぎなかった。しかし，pro-labor の立場であれ，non pro-labor の立場であれ，確立した労働実務を守るあまりに，過度に守旧的になるべきではないと考える。債権法を取り巻く社会の変容に対応しつつ，これと理論的に整合する労働契約法理の確立に向けて改革を進めるべきである。

　以上の認識のもとで，本号の各報告では，théoricien (ne) の立場から，そして，civiliste の見地により，労働契約における契約法の貫徹するあり方を検証することになる。

（のだ　すすむ）

労働契約における合意と債権法改正

——労働契約の成立の場面を素材として——

新屋敷　恵美子

(山口大学)

I　はじめに

1　労働契約の成立をめぐる問題と債権法改正

　近年，黙示の労働契約の成否，有期労働契約の更新・雇止め，労働契約の合意解約の成否など，労働契約の成立に関連する紛争が頻繁に生じている。このような状況から，労働契約の成立を定める労働契約法（以下，「労契法」。）6条が紛争解決にあたって注目されることになろう。同条は，「労働契約は，労働者が使用者に使用されて労働し，使用者がこれに対して賃金を支払うことについて，労働者及び使用者が合意することによって成立する」と定める。そこで，労働契約の成立に関する判断基準を求めて同条を見ると，たしかに，同条は，一定の事柄につき労使が合意することを労働契約の成立の一定の要件として示しているといえよう。しかし，労働契約の成立が問題となる典型的な場面である採用内定につき，従来，一般に労働者の申込みと使用者による承諾という概念によって理解されてきたが，同条の中には申込みと承諾の言葉は存在しない。また，「合意することによって成立する」とされているが，そこでの「合意」とは何についてどの程度合意することを意味しているのかも，同条からだけでは必ずしも明確ではない。そこで，実際の紛争解決にあたっては，労働契約の成立をめぐって現れる用語につき，これまでの労働契約の成立に関する裁判例，そして，契約の成立に関する民法法理を参照し，その位置づけや意義を探っていくことになる。したがって，労働契約の成立をめぐる紛争の解決には民法法理が一定の基盤を提供しているといえる。

シンポジウム（報告②）

　こうして，現在の債権法改正に向けた動きは，労働契約の成立の議論への影響という観点から注目される。債権法改正に関して，平成23年4月12日「民法（債権関係）に関する中間的な論点整理」（以下，「論点整理」。）が示され，平成25年2月26日「民法（債権関係）に関する中間試案」（以下，「中間試案」。）が決定された。中間的な論点整理については，「合意（契約）の強調」[1]の傾向が指摘されていたところ，この傾向は，中間試案でも一定程度引き継がれていることが確認できる[2]。合意の強調は契約の成立の理論に一定の影響を与えずにはおかないであろうから，民法法理が労働契約の成立に理論的基盤を提供している以上，注目せざるを得ない。では，債権法改正においてどのように契約の成立の場面が議論され，そして，契約の成立の内容がいかなるものとして把握されているのか。

2　申込み・承諾型と練り上げ型

　債権法改正に向けた議論のなかでは，以下に見る二つの契約の成立形態が議論され，また，それらとの関連の中で，契約の成立の内容が議論されている。そこで，本稿における議論の前提として，まず，二つの契約の成立形態について簡単に紹介したい。

　一つは，申込みと承諾型である。これは，ある時点で申込みと承諾が合致して契約が成立するという成立形態である。これに対して，もう一つは，練り上げ型である。これは，時の経過の中で当事者間の交渉が進み合意が形成されていくという契約の成立形態である[3]。そして，論点整理の段階では，練り上げ型

---

1)　松本恒雄「債権法改正論議の経緯と民法学習におけるその意義」法セミ679号（2011年）2頁4頁。
2)　松本・前掲注1)論文において「合意（契約）の強調」を示すものとして挙げられていた改正内容（中間的な論点整理の第3の2(2)，第3の3(2)，第39の1(2)(3)）は，中間試案においても一定程度引き継がれていることが確認できる（中間試案第10・1(2)(3)，中間試案第35・3(1)(2)(3)）。他方で，中田裕康「民法（債権法）改正と契約自由」法の支配156号（2010年）25頁は，民法（債権法）改正検討委員会による『債権法改正の基本方針』を素材として債権法改正全体について，「契約自由」ないし「合意の尊重」という視角から考察しているが，「契約債権における合意の尊重については，それが決していわば裸の合意を意味するものではない」として，注意を促している。

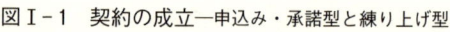

図Ⅰ-1　契約の成立—申込み・承諾型と練り上げ型

〈申込みと承諾型〉　　　　　　　　〈練り上げ型〉

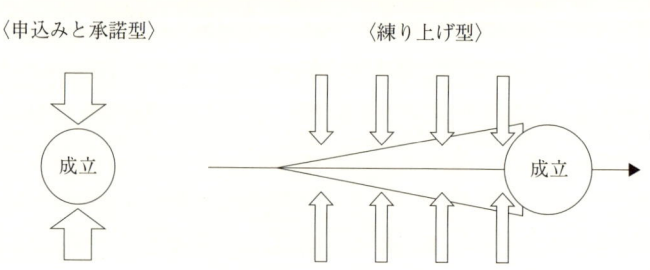

（出所）内田貴『民法改正のいま・中間試案ガイド』（商事法務，2013年）106頁図表を筆者改変。

にも対応する合意の形成に焦点を当てた契約の成立に関する一般的規定の導入
が検討されていた[4]。しかし，中間試案に至ると，そのような契約の成立に関す
る一般的規定は消えてしまった。とはいえ，中間試案自体，後述のとおり練り
上げ型による契約の成立の形態を否定するものではないとしている。

　そこで，本稿は，労働契約の成立についてその形態と要件に関する議論状況
を確認し，むしろ債権法改正により練り上げ型にも対応する合意による契約の
成立を民法において規定する積極的な意義を示す。以下，本稿では，Ⅱで中間
試案までの部会での審議経過を確認した上で，Ⅲにおいて労働契約の成立につ
いての議論状況を瞥見し，Ⅳで労働契約の成立要件（要素）について考察し，
Ⅴで合意による契約の成立を規定することの是非を論じたい。

Ⅱ　債権法改正と契約の成立

　契約の成立に関する議論は，中間試案に至るまで，二箇所においてなされて

3）　申込みと承諾型，練り上げ型の区別については，図Ⅰ-1で挙げた内田書・105—106頁
　を参照。この区別（表現）は，池田清治『契約交渉の破棄とその責任』（有斐閣，1997年）
　に始まる。
4）　たとえば，民法（債権関係）の改正に関する論点の検討⒀では，「契約は，……当事者が，
　契約の法的拘束力を発生させることを合意することによって成立するものとし，ただし，当
　事者の合意によって契約の内容を確定することができないときはこの限りでない旨の規定を
　設けるものとしてはどうか。」とされていた。

シンポジウム（報告②）

いる。その二箇所とは，中間試案の表現を用いると，「契約に関する基本原則等」の箇所と「契約の成立」の中の「申込みと承諾」に関する箇所である。そして，前者は，「契約に関する基本原則等のうち，条文上明確にすべきである[5]」と考えられたものの規定化を図る箇所であり，この中で練り上げ型にも対応する契約の成立に関する一般的規定の導入が議論されてきた。これに対して，後者は，「契約の申込みや承諾に関する一連の規定を設ける前提として，申込み及び承諾の意義を条文上明確にすべきであるという考え方[6]」を出発点とし，その議論の中で申込みと承諾による契約の成立の規定の導入が検討されてきた。議論の過程で，当然，それぞれの箇所で議論される契約の成立の相互関係も議論され，申込みと承諾型の契約の成立と練り上げ型の契約の成立につき，それらの内容や相互関係が触れられている。以下では，本稿の観点から，この二箇所における契約の成立に関する部会での議論を見ていくことにする。

1　論点整理と合意による契約の成立

(1)　論点整理に至るまで

　まず，議論の出発点を確認する。当初，「民法（債権関係）の改正に関する検討事項(6)」では，申込みと承諾という整理になじまない類型，つまり練り上げ型に対応した契約の成否をめぐる紛争に手がかりを提供するため，「契約が成立するために必要な合意についての一般的な規定をおくべきであるという考え方がある[7]」として，契約の成立に関する一般的な規定をおくことの是非の検討が開始されていた。そして，この問題の提起を受けて，部会（第9回会議）では，一般的規定をおくことについて「土台困難」といった主張もみられたが[8]，幾人もの研究者によって契約の成立についての一般的なルールが現行法下でも存在していることが指摘されていた[9]。たとえば，申込みと承諾による契約の成

5）　民法（債権関係）の改正に関する検討事項(6)（民法〔債権関係〕部会資料11-1）第1の
　　1。
6）　前掲注5）部会資料11-1・第3の1。
7）　前掲注5）部会資料11-1・第1の3。
8）　法制審議会民法（債権関係）部会第9回会議議事録13頁〔木村委員〕。
9）　円谷峻編著『民法改正案の検討（2）』（成文堂，2013年）163頁〔長坂純〕も参照。

22　　日本労働法学会誌123号（2014.5）

立の背後には「中核的な部分についての当事者の正に契約を成立させる合意」という考え方がある[10]，というものが挙げられる[11]。

他方，申込みと承諾に関する議論においても，そこで申込みと承諾が，「ただ単に合意の内容を一般的に分解したものとして」位置づけられて議論されているのか，それとも契約の成立に関する一般的規定のところで議論されていた契約の成立とは別個のものと位置づけられて議論されているのか，ということが問題とされていた[12]。ただし，この段階ではそれ以上掘り下げられていない。

以上のとおり，部会審議の早い段階で，一般的な契約の成立に関するルールの存在や内容が俎上に載せられていた。ただ，この段階では，練り上げ型による契約の成立形態の存在が一般に認められていたものの，契約の成立に関する一般的な規定と上述の二つの契約の成立形態との関係は十分に整理されていなかった。

(2)　論点整理から中間試案に至るまで

その後，論点整理では，(1)の流れを継いで契約の成立に関する一般的規定の検討が示唆されていた。しかし，その後，契約の成立に関する一般的規定の具体案も示されたが[13]，主として文言の不明確性のために提案された規定は批判を浴び[14]，次の中間試案に至る段階では消えてしまっている。

申込みと承諾に関する議論においても，その後も，(1)におけると同様，申込みと承諾による契約の成立と合意による契約の成立との関係が十分に整理されていないことが確認されている[15]。また，契約の成立要件に関しても，契約の成立に関する一般的規定と申込みと承諾による成立の規定の内容の重なりの有無

---

10)　前掲注8）第9回会議議事録16頁〔沖野眞巳幹事〕。

11)　他に，たとえば前掲注8）第9回会議議事録14頁〔道垣内弘人幹事〕，同15頁〔山本敬三幹事〕等。

12)　前掲注8）第9回会議議事録38頁〔道垣内弘人幹事〕。

13)　民法（債権関係）の改正に関する論点の検討(13)（民法〔債権関係〕部会資料41）第1の2。

14)　法制審議会民法（債権関係）部会第48回会議議事録34頁以下。内田・前掲注3）書106頁も参照。

15)　法制審議会民法（債券関係）部会第49回会議議事録24—25頁〔道垣内弘人幹事発言〕，36頁〔中井委員発言〕等。

シンポジウム（報告②）

などが議論されたが，結局，結論は出されないままであった。[16]

(3)　中間試案——申込みと承諾による契約の成立

中間試案では，下記のとおりの契約の成立の規定が示された。

第28　契約の成立

1　申込みと承諾

(1)　契約の申込みに対して，相手方がこれを承諾したときは，契約が成立するものとする。

(2)　上記(1)の申込みは，それに対する承諾があった場合に契約を成立させるのに足りる程度に，契約の内容を示したものであることを要するものとする。

上記のように申込みと承諾による契約の成立のみが規定された。また，申込みについての定義が置かれ，申込みに「契約を成立させるのに足りる程度」の内容の確定性が求められている。

そして，中間試案は，「申込みと承諾とに整理することが必ずしも適当でない態様の合意（いわゆる練り上げ型）によっても契約が成立し得る」ことを認めている。[17]また，中間試案は，「全ての契約の成立を申込みと承諾の合致というモデルで説明するか，申込みと承諾をあくまで契約が成立する場面のひとつと考えるかは，解釈にゆだねる」[18]としている。

このように，中間試案自体は，練り上げ型による契約の成立の存在を認め，また，契約の成立一般，あるいは，申込みと承諾の合致という成立形態体をどのように位置づけるのか，結局のところ明確にしていない。

2　契約の成立とは何か

以上のように，相当な審議が尽くされて示されたものの，中間試案における契約の成立に関する規制については，以下の点が依然として分かりにくいものとなっている。

---

16)　第49回会議議事録27頁〔松本委員発言〕，28頁〔鎌田部会長発言，中井委員発言〕等。

17)　民法（債権関係）の改正に関する中間試案・第28・1の概要。

18)　前掲注17)中間試案・第28・1の補足説明。

(1) 契約の成立形態

　分かりにくい点の一つは，契約の成立形態である。部会での審議をみてきたところ，契約の成立については，二つの理解の仕方があることが窺われる。一つは，①契約の成立一般を申込みと承諾による意思の合致（合意）であるとするもの[19]，もう一つは，②契約の成立一般を合意による契約の成立であるとした上で，その契約の成立形態としては，ⅰ）申込みと承諾型とⅱ）練り上げ型があるとするものである[20]。しかし，これまでの議論や中間試案の規定からは，どちらが民法の基本的な考え方として採用されたのか不明である。結局，練り上げ型をどうするのか，試案の規定からは読み取れない。

(2) 契約の成立要件

　次に，申込みと承諾による契約の成立の規定における申込みの内容，すなわち，「承諾があった場合に契約を成立させるのに足りる程度」として求められる，意思表示の内容と程度とは何なのか。また，これは，契約の成立要件なのか。その場合，この申込みの定義の内容があらゆる契約の成立要件に関係しているのか。そもそも，契約の成立要件は，民法でどのように考えられるべきなのか。やはり，特定するのは困難である。

Ⅲ　労働契約の成立と合意による契約の成立

1　労働契約の成立と申込みと承諾による契約の成立

　では，中間試案のとおり申込みと承諾による契約の成立のみが民法において規定されることで足りるか。労働契約の成立形態，成立要件の観点から検討していく。

(1) 労働契約の成立形態

　労働契約の成立については，申込みと承諾によって成立を説明しがたい場合が様々な場面でみられる。

　(a) 採　用　　まず，採用の場面が挙げられる。新規学卒者の採用内定に

---

19)　前掲注8）第9回会議議事録38頁〔道垣内弘人幹事〕。

20)　前掲注8）第9回会議議事録16頁〔沖野幹事〕，同議事録21頁〔深山幹事〕。

シンポジウム（報告②）

ついての代表的な判例である大日本印刷事件・最二小判昭54・7・20は，労働者の応募が労働契約の申込み，これに対する採用内定通知が申込みに対する承諾，そして，これらが労働者の誓約書の提出と「あいまつて」労働契約が成立したとする原審の判断を正当とした。このように，最高裁判決により申込みと承諾と誓約書の提出が「あいまつて」契約が成立するとされており，既にここに，労働契約の成立について申込みと承諾によって説明するのが困難であると考えられたことが窺われる。そして誓約書の提出が重視されているところからしても，契約に向けた当事者の意思が固まっていく経過が注目されているといえ，むしろ練り上げ型を前提として理解する方が適切であるように思われる。同様に，中途採用者に関する労働契約も，賃金額についての合意が交渉の中で[21]形成されたかを問題とする裁判例が見られる。以上からして，労働契約の成立は申込みと承諾による契約の成立のみでは捉えきれない面があるといえよう。

(b) 黙示の労働契約の成立　　また，申込みと承諾による契約の成立として説明するのが困難であるのが，黙示の労働契約の成立である。この契約の認定または推定について，安田病院事件・大阪高判平10・2・18労判744号63頁，同事件最3小判平10・9・8労判745号7頁は，「明示された契約の形式」だけでなく，「当該労務供給形態の具体的実態を把握して」，「使用従属関係から両者間に客観的に推認される黙示の意思の合致があるかどうか」により判断するとしている。[22]ここからは，明示の契約の形式，すなわち，明示の意思表示というよりは，その後に実際に当事者間で生ぜしめられた関係の実態が契約の成否を決するものと考えられていることが窺われる。このような認定のあり方は，特定の時点での申込みと承諾による契約の成立を前提としたものであるとは理解し難い。判断の焦点は，「意思の合致」の有無であり，その有無を実態に基づき判断するということになると，申込みと承諾という説明は後付的で違和感を拭えない。また，申込みと承諾という明確な時点を求めることがかえって，

---

21)　オリエントサービス事件・大阪地判平9・1・31労経速1639号22頁，ユタカ精工事件・大阪地判平17・9・9労判906号60頁，インターネット総合研究所事件・東京地判平20・6・27労判971号46頁。

22)　最近の例として日本精工事件・東京地判平24・8・31労判1059号5頁。

段階的に形成される合意の丹念な探求を阻害し，契約の成否の判断を厳格なものとしてしまうのではないかということも危惧される。

(2) 労働契約の成立要件

次に，労働契約の成立要件について検討する。たしかに，労働契約の成否が判断されてきた判例の中で，申込みと承諾による契約の成立として捉えると否とにかかわらず，労働契約の成立要件が問題となっている。そして，賃金についての具体的な合意や[23]，意思の最終性[24]とでもいうべきものが判断基準となっている判例が見受けられる。このように，労働契約の成立要件についても一定のものを見出すことが可能である。しかしながら，これらの要件は個別の事案における問題ごとに判例の中で示されてきた感が否めず，全体を体系的に整理することが困難である。果たしてこれらの労働契約の成立要件が，民法上の契約の成立理論とどのようにつながっているのか，本来労働契約の成立として問題とすべき点を論じているのか，判別し難く曖昧なままとなっていると言わざるをえない。

2 労働法と契約の成立

(1) 従来の判例法理と労働法的配慮

このとおり，労働契約の成立に関しては，中間試案において提示されている申込みと承諾による契約の成立形態のみでは捉えきれない面がある。また，成立要件の点でも，労働法からは一定の体系的な理論が求められる。ところが，このような労働契約の成立をめぐる状況からすれば，先に見た中間試案の内容では，多様な形で現れる労働契約の成立形態に適切に対応できるのか，また契約の成立要件についてどのように考えているのか，非常に心もとない状況にあると言わざるをえない。このような状況にあっては，労働契約の成立の問題を，民法上の契約の成立の問題から切り離して考えるべきであるという主張が出てきてもおかしくはない。とりわけ，新規学卒者の採用内定法理などに見られるような個別の問題領域に認められてきた労働者保護等のいわば「労働法的配[25]

---

23) 前掲注21)諸判決参照。

24) わいわいランド事件・大阪高判平13・3・6労判818号73頁。

シンポジウム（報告②）

慮」の必要性を考えるとき，労働契約論の民法との分離は労働法の立場からは一層自明となる。労働契約の成立に関しては，従来通り，個別の問題ごとに基準を立てていくのがよいと考えられることになる。

(2)　体系性における危機

　しかし，問題ごとに領域分断的に捉えることは，労働法の体系性に危機を招来する[26]。従来，労働契約の成立が問題となる場面では労働法的配慮が優先されたために，契約の成立要件について十分に議論されてこなかったきらいがある[27]。だが，冒頭で指摘したように民法と労働法両方で合意の原則が強調されれば，問題の焦点が当事者の合意の有無に移っていく可能性は否めない。たとえば，神戸弘陵学園事件・最三小判平2・6・5労判564号7頁では，当事者は最初の契約期間を一年としていたが，最高裁は，採用にあたり使用者が「雇用契約に期間を設けた場合」それが労働者の適性を評価・判断するために付されている場合には特段の事情がある場合を除き，当該期間を期間の定めのない労働契約に付された試用期間と理解するのが相当としている。しかし，民法，労働法両分野において当事者の合意の意義が強調されるようになると，そもそも当初から期間の定めのない労働契約が成立したといえるのか，そのような契約を成立させる合意があったのかが厳格に問われるようになるであろう。そして，最終的には，期間の定めのない労働契約に関する解雇の問題は有期労働契約の不更新・雇い止めの問題の領域に流れていくと予測される。労働法における取扱い上，有期か無期という違いは非常に大きな差を生むことは周知のことであるが，この分岐点において交通整理をするのが労働契約の成立の理論である。そ

---

25)　労働契約の成立の判例における労働法的な配慮の存在が顕著なものとして，新規学卒者に典型的なものとして展開されてきた採用内定法理が挙げられる。同法理により，採用内定時点で賃金額などの契約内容の確定性が認められなくても契約の成立が認められてきており（大日本印刷事件・最二小判昭54・7・20民集33巻5号582頁），ここには「採用取消から内定者の法的地位を保護する」（八州事件・東京高判昭58・12・19労判421号33頁）という労働者保護の観点がある。

26)　この点については，新屋敷恵美子「イギリス労働法における労務提供契約の二重構造」学会誌120号（2012年）202頁も参照。

27)　水町勇一郎「労働契約の成立過程と法」『講座21世紀の労働法(4)　労働契約』（有斐閣，2000年）41頁。

うであれば，労働契約の成立の理論につき，個別の問題ごとに考えれば足りるというような対症療法的なものでは満足することはできない。

Ⅳ　労働契約の成立形態と要件

そこで，以下では，労働契約の成立について，成立形態，要件，要件の認定について検討する。

1　民法理論に基づく契約の成立

最初に，契約の成立要件（要素）[28]に関し，民法における契約の成立要件と労働契約の成立要件とでは基本的に異ならないということを確認しておく。契約の成立に関する法理は，三菱樹脂事件・最大判昭48・12・12労判197号11頁によれば，憲法上の価値にも直接的に関わる契約締結の自由に関するものであり，特別の規制のない限り民法における契約の成立の場合と異なる取り扱いを受けることはない。そして，労働法の体系性の確保のためにも原則として統一的に当事者意思に対応する民法理論によるべきである。

この点，契約の成立形態の多様性を根拠として，労働契約の成立については労働法の側で労働契約の特殊性を踏まえた労働契約の成立理論を構築すべきである，あるいは，労働契約の成立に関する規定を整備すべきであるという批判が考えられる。たしかに，労働契約の成立に関して労働契約に固有の事柄が存在する場合に労働法の側で必要な対処をする可能性は筆者も否定しない。しかしながら，そのような対処の必要性があるからといって，労働契約の成立については民法理論上の意思の合致ないし合意に関する要件の充足が求められないといったことにはならないはずである。つまり，契約の成立についてどの種類の契約にも妥当する「考える基本」[29]のようなものは，労働契約の成立について

28）　本稿は，合意（意思の合致）による契約の成立を契約の成立の一般的な形態と理解している。そして，契約を成立させるのは，当事者の合意であるが，それが契約を成立させるようなものであるかを判断する基準を，ここでは，契約の「成立要件」と呼ぶ。他方で，その成立要件を指示する本質的な（不可欠の）内容を，当該契約の本質的な「要素」という。

29）　前掲注8）第9回会議議事録15頁〔道垣内弘人幹事〕。

シンポジウム（報告②）

も妥当するといえよう。そうであれば，労働契約の成立の理論や規定を考えるにあたっては，そのような基本を越えて労働法上の対処をどのようなものとするのかを第一に検討するのではなく，まずはその基本の内容を確認した上で労働契約の成立についてその基本が具体的にどのような形となるかを考えるのが本筋である。また，そうして労働契約の成立の領域おける民法理論との接合を図っておくことは，契約と当事者意思，合意などに関する民法分野における理論展開の摂取を容易にするであろう[30]。

　以上の意味で，筆者は，労働契約の成立の基本は民法理論によるべきであると考える。さらに，既に示唆しているとおり，労働契約の成立を議論する上で，申込みと承諾型だけでなく練り上げ型にも対応する合意による契約の成立の理論が必須のものと考える。また，合意による契約の成立を，申込みと承諾型，練り上げ型，両形態に対応するという意味で「一般的な」契約の成立として捉えるべきである。

　以上の理解を前提として，合意による契約の成立について，次に考える。

2　労働契約の成立要件

　ここでは，民法における議論も参考にしつつ[31]，労働契約の成立要件（要素）を提示する。

　契約を成立させる要件は，究極的には契約の締結に向けた当事者意思としてまとめて理解することができる[32]。そして，その内容は，二つに分けられる。第一に合意の対象，第二に合意の深度・熟度である。

---

30)　契約法の発展を労働法の側で最大限摂取・活用しつつ，さらにその限界を確認して労働法上の概念を展開していくべきことについては，野川忍『労働法原理の再構成』（成文堂，2013年）95頁，新屋敷恵美子「イギリス労働法における労働者概念——労働者概念における契約の要素と契約外的要素」山口大学経済学雑誌61巻4・5号（2013年）433頁等を参照。

31)　以下での表現は，特に大村敦志『消費者法〔第4版〕』（有斐閣，2011年）65頁以下，同『基本民法Ⅰ〔第3版〕』（有斐閣，2007年）29頁以下を参考にしている。民法分野における契約の成立の議論状況については，山城一真「契約締結過程における『正当な信頼』（6・完）」早法86巻4号（2011年）127頁が詳しい。

32)　河上正二「契約の成否と同意の範囲についての序論的考察(2)」NBL 470号（1991年）44頁。

(1) 合意の対象

まず，一定の類型の契約の成立，ここでは，労働契約が成立する場合を考える。労働契約の成立が認められる場合には，労契法6条の文言や民法623条の文言からもわかるように，当事者が，当該契約を特定の契約類型足らしめるような事柄，内容について合意することが求められる。この合意が求められる内容が合意の対象であり，その合意に向けた当事者の意思が契約の成立には求められる。言い換えると，合意の対象として，原則として当事者が成立させようとしている契約類型の中心部分，契約における対価関係の合意に向けた意思が契約の成立に求められる。これは，通常，契約類型ごとに決まってくる。労働契約については，労働とそれに対する賃金支払という対価関係についての合意に向けた意思になる。ただ，個別の具体的な契約によっては，前提とされる契約類型だけで契約の成立に必要な合意の内容が決められるわけではない。当事者が自分たちの契約にとって本質的な要素であると考えるものについても合意が必要な合意の対象となる。

(2) 合意の深度・熟度

そして，当事者が成立する契約がどのような内容のものとなるかということについて一致を見たとしても，依然としてそれが法的に拘束されるものとして合意されたかということが問題になる。この点を問題にするのが合意の深度・熟度であり，言い換えると契約締結意思の深まりのことである。たとえば，労働法の領域でいえば，新国立劇場運営財団事件・東京高判平19・5・16労判944号52頁で見られたような契約メンバー出演基本契約（以下，「基本契約」。）と個別公演出演契約（以下，「個別契約」。）という，契約の仕組みを想起すれば容易にその存在に気づかれる。すなわち，同事件では，基本契約により仕事の内容や賃金率が決まっていたにもかかわらず，東京高裁は，基本契約によって生じた役務の提供に関する双方における「期待」や「心づもり」は「事実上のものにとどま」っていたとし，最終的には，両者に「労働契約関係が成立しているとはいえない」と判示した。このとき，東京高裁は，個別契約を結ぶまでは契約関係（両者が権利義務を負う関係）に入る意思が当事者になかったと考えていたものと推察される。[33] このように，当事者が合意したことに基づき契約に拘

シンポジウム（報告②）

束される意思があったのかどうか，そこまで意思が深まっていたのかということが，合意の深度・熟度として求められる。

(3) 労働契約の成立と労働契約の構造

(a) 合意の段漸進的形成と労働契約　　契約の成立要件（要素）は(1)・(2)のようになる。そして，このように合意の形成を意識して労働契約の成立を考えるようになると，労働契約の成立，展開の各場面における合意と労働契約の構造[34]の関係につき以下の二点が明らかになってくる。

最初に，労働契約を成立させる合意が時の経過の中で次第に形成されていく合意の形成（合意の漸進的形成）について述べる。契約の成立を合意の形成に注目して考えるようになると，練り上げ型という表現からもすぐに了解されるように，合意（より細かく言えば各要件〔要素〕として求められる内容）が次第に形成されていく契約締結過程が意識されるようになる（図Ⅳ-1　労働契約における合意と契約の構造参照）。また，要件（要素）ごとの形成も認識される（図Ⅳ-1矢印参照）。このように，一定のタイムスパンの中での，しかも，要件（要素）ごとの形成ということから，労働契約を成立させる合意の漸進的形成という事実が浮かび上がる。

これに対して，労働契約の展開過程では，次のような合意と労働契約の構造の関係を指摘することができる。展開の過程では最初から契約の成立の段階で形成された合意がまず存在している（図Ⅳ-1参照）。他方で，成立時に最低限必要とされる合意の内容が明らかになると，今度は労働契約の展開過程における労働契約の内容が，契約の成立時に求められる合意のみによって構成されるのではないということが明らかになってくる。すでに指摘されているように，労働契約については，それを中心としつつも，さらに追加的な合意を付加され

---

33)　ちなみに，「諾否の自由」という言葉は，民法の分野でも契約の成立の場面における契約締結の自由について言及する際に用いられる（たとえば，平井宣雄『債権各論Ⅰ　上契約総論』〔弘文堂，2008年〕146頁，大阪地判平15・7・30金判1181号36頁）。

34)　合意と契約の構造については，大村敦志「合意の構造化に向けて――『契約の成立』に関する立法論的考察を機縁として」山本敬三ほか著『債権法改正の課題と方向』別冊NBL no.51（1998年）31頁，とりわけ，「合意の通時的構造化」と「合意の共時的構造化」の発想にも示唆をえた。

労働契約における合意と債権法改正（新屋敷）

図Ⅳ-1　労働契約における合意と契約の構造

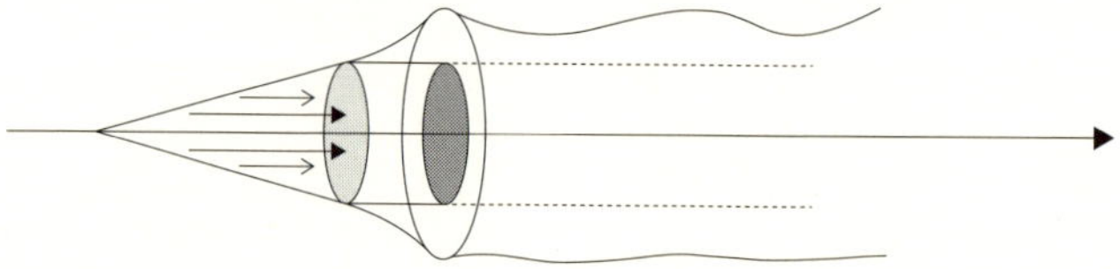

〈成立〉　　　　〈展開〉

＊図の作成に当たっては，河上正二「現代的契約についての若干の解釈論的課題」棚瀬孝雄編『契約法理と契約慣行』（弘文堂，1999年）185頁，188頁も参考にした。

たり[35]，成立時の合意の内容がより具体的なものへと確定されたりすることが考えられる。このように，労働契約はその展開過程において，成立時の合意のみでは語りえない広がりをもった構造を有する。

　（b）要素の区別　　そして，これらの合意と労働契約との関係が，成立要件の認定を考える上で重要な意義を有する。まず，契約の成立段階における合意の漸進的形成がどのような意義を持つか。上述のように合意と労働契約の関係を把握すると，合意の対象や上述の要素ごとにその形成が考えられるようになり，とりわけ，労働とそれに対する賃金支払いに関する合意は認められるが合意の深度・熟度が十分であると評価しがたい場合が生じると予想される。ここで，もし双方に合意の深度・熟度が認められないようであれば，原則として労働契約は成立しない。したがって，わいわいランド事件・大阪高判平13・3・6労判818号73頁のように，賃金額などの労働条件が具体的になっている段階に至っていても，「考えさせて欲しい」として一方当事者が契約の締結を留保する場合には，労働契約の成立は認められない。

　他方で，要素の区別は正確になされなければならない。この点について疑念が湧く裁判例もある。たとえば，内々定につき，「具体的労働条件の提示，確認や入社に向けた手続き」がなかったことなどの事実を挙げ，「本件内々定は，正式な内定（労働契約に関する確定的な意思の合致）とは明らかにその性質をこと

35）　野田進「労働契約における合意」日本労働法学会編『講座21世紀の労働法(4)　労働契約』（有斐閣，2000年）19頁を参照。

シンポジウム（報告②）

にする」として，労働契約の成立を認めなかったコーセーアールイー（第2）事件・福岡地判平22・6・2労判1008号5頁，同事件・福岡高判平23・3・10労判1020号82頁が挙げられる。しかし，これは申込みと承諾という一時点における合意の形成のイメージに囚われている点と判断要素の識別が十分でない点で，疑問である。練り上げ型，あるいは，合意による契約の成立を前提として見返せば，同事件における内々定以後に重ねられていった事実，すなわち，使用者に求められて提出された入社承諾書の存在，労働者の他社への内々定の辞退，会社取締役による入社を確信させるような説明，内定通知書の授与を約1週間後に行う旨の連絡などの事実が浮かび上がり，これらの事実はすでに確定的なものとなっている合意の存在を肯定しているように思われる。同事件における問題の焦点は，入社するか否かあるいは採用するか否かであって，裁判所が問題にしている労働条件の具体的確定は，実態としては内定日よりもさらに後の就労日以降になされるのが一般的であろう。他社への内々定の辞退や会社取締役による入社を確信させるような説明などからは当事者はすでに契約に拘束されていることを前提として行動していたと解される。そのような当事者が，契約の成立時点で大体のものでよいと考え特に問題にしていなかった要素を裁判官が後から問題とするのには，契約の解釈として強い疑念が湧く。労働契約を成立させる合意の漸進的な形成に配慮し，労働に対する賃金支払についての合意あるいはその深度・熟度，これらのうちどの要素を問題とすべきか適切に判別し，認定する必要がある。

(4) 成立時の確定性の区別と認定

(a) 成立時の確定性と展開以降の内容確定との区別　　次に，労働契約の展開過程における合意と労働契約の構造から出てくる問題について述べる。先に述べたような展開過程における合意と契約構造の関係を認めると，不可避的に労働契約の成立時点における契約の内容の不確定性が意識される。そしてこの不確定性が契約の成立における合意内容の確定性においてどこまで許容されるのか，というジレンマが生じる。特に，契約を締結するという点について当事者は争っていないように思われても，労働とそれに対する賃金支払いについて漠然とした合意のみがなされている場合に，労働契約が成立したといえるの

か，という点が問題になると予想される。

　この点については，民法においても，契約の成立の段階での内容の確定性に一定の幅が認められている。[36]そして，労働契約についても，これまで，賃金額についておおよその合意でその成立が認められてきた。[37]つまり，労務や報酬の内容の具体性は，契約の成立時点で当事者が特段問題にしていないのであれば裁判所があえて問題にする必要はない。成立時の内容の確定性の問題とそれ以降の内容確定の問題とは区別できるのであり，また，混同すべきではない。

　(b)　不確定性と成立要件の認定　　この確定性の問題に関連して検討を加えたいのが黙示の労働契約の成立の問題である。ここでは，近年多く見られる派遣労働者と派遣先との間で黙示の労働契約の成立が争われる場合を念頭に置く。

　ところで，契約が締結される際，契約締結に関する意思表示の方向，すなわち，相手方が特定されているのが通常である。[38]とりわけ，労働契約に関しては，通常，契約の相手方が誰かという点について両当事者の関心が強く（民法625条参照），意思表示の方向は特定されていると言えよう。そして，多くの派遣の事案において，派遣労働契約に関する書面などで派遣元が労働契約の相手方であると明示されているのが普通である。このように契約の締結に向けた当事者意思の方向が書面等を通じて明示されると，労働契約の締結に関する当事者意思の方向が限定される。他方，派遣労働者と派遣先との間の指揮命令関係は各当事者間で締結された労働者派遣契約等により説明がつく。こうして，上記のとおり特定された当事者意思の方向を派遣労働者と派遣先との間のものへと変えて派遣労働者と派遣先との間に労働契約の成立を認める必要性は乏しく，黙示の労働契約の成立を認めるのは容易ではなくなる。このように，当事者意思

---

36)　河上・前掲注32)論文45―46頁。同『民法総則講義』（日本評論社，2007年）253頁も参照。

37)　インターネット総合研究所事件・東京地判平20・6・27労判971号46頁（年俸額につき1500万円＋αによって労働契約が成立したとされている）。また，年俸額が決定していない場合にも暫定的な年俸額を決定した上で契約の継続を認めている裁判例もある（日本システム開発研究所事件・東京高判平20・4・9労判959号6頁）。

38)　河上・前掲注32)論文45頁参照。

シンポジウム（報告②）

の観点からして，黙示の労働契約の成立の可能性は基本的には非常に低いことになる。

ただ，労働契約の構造が成立時の合意の確定性と成立時以後の契約内容の確定とのギャップを許容するため，通常は当事者が上述の労働契約の要素として少なからず意識しているはずの契約の相手方についてさえも，労働者派遣の場合に曖昧になる可能性があるという点には注意が必要である。というのも，労働者派遣の場合，一般的な労働契約の場合と異なり，労働契約の相手方と実際の労務提供先とが異なるため，契約の相手方という本来契約の成立の段階で確定しておくべき事項についてさえも曖昧性が高くなる可能性があるからである。[39]最低限の合意を求める契約の成立理論は，最低限しか求めないがゆえに，多くの不確定性が認められるように受け止められ，労働契約の相手方という契約の成立につき本来的な事柄についての不確定性さえも実際には許容してしまう可能性があるのである。

そこで，派遣労働者と派遣元との間で労働契約が締結されている形式がとられていたとしても，契約に関する意思の慎重な認定が求められることになる。また，労契法1条や6条が，労働契約が合意によって成立するとしていることからも，そのような不確定性を回避しがたい労働契約の成立の判断には慎重さが求められるといえよう。派遣労働者と派遣元との関係では，単に申込みと承諾という形式だけが整えられているに過ぎないのではないか，本稿で示した契約の成立の要件の充足が本当に認められると評価できるのか，ということを慎重に吟味する必要がある。他方で，派遣先による面接等の特定行為や正社員登用に関連する実態，実質的な賃金決定その他の使用者としての振舞いの有無と

---

39)　契約の相手方が誰かという点について，周知のとおり，労働者においてその認識が曖昧になりやすい，あるいは，明確な認識を持たないまま労務の提供・受領の関係に入るあるいは継続することがある。たとえば，マツダ防府工場事件・山口地判平25・3・13労判1070号6頁のように，契約の切替えが行われる場合にも，労働者の方で契約の切替えの意味を十分に理解しないまま，自らの労務提供受領関係を継続する場合が考えられる（「正社員なれると思った」『朝日新聞』朝刊2013年11月1日33面も参照）。また，労働者が労務提供開始当初から契約の相手方を十分に理解していない場合も考えられる（派遣の事例ではないが，福生ふれあいの友事件・東京地立川支判平25・2・13労判1074号62頁）。

程度からして，派遣労働者と派遣先との間で合意の対象等が練り上げられていっているのではないかの検討もなされなければならない。このように，派遣元との関係では申込みと承諾による契約の成立（または不成立），派遣先との関係では練り上げ型による契約の成立，両方の可能性を念頭に，当事者の関係の実態を複眼的に考察し，派遣先と労働者との黙示の労働契約の成立の可能性が追求されるべきである。

Ⅴ　お わ り に

　以上，本稿は，債権法改正に関する議論を契機としつつ，労働契約の成立の形態，要件（要素），合意と労働契約の構造の関係について考察してきた。おわりに，債権法改正によって民法において合意による契約の成立が規定されることの是非について述べたい。

　労働契約の成立に関する法理はこれまで申込みと承諾という言葉で一応民法における契約法理と繋がってきた。その法理の内容は，労働法的配慮の存在からもわかるように，契約法理だけでは説明できない独特のものであった。だが，それが当事者間の合意やその構造を捉えるのに適していないこと，また，労働法の体系性に危機をもたらすことはⅢで見たとおりである。そして，このように労働法が独自の理論を展開してきたのは，民法分野における契約の成立に関する理論的空白にも一因があると考える。民法学説によれば，民法分野において契約の成立について本格的な議論が展開されたのは，1970年代後半以降とされる[40]。民法分野で確固とした契約の成立に関する理論がない以上[41]，それとの繋

---

40)　中田裕康＝加藤幸雄「契約締結の交渉から成立まで」中田裕康ほか『民事法Ⅲ　債権各論〔第2版〕』（日本評論社，2010年）1頁・2頁以下。

41)　たとえば，契約目的の特定性ないし確定性について，それを契約の成立要件として位置づける見解（たとえば，大村・前掲注31）『基本民法Ⅰ』，潮見佳男『民法総則講義』〔有斐閣，2005年〕77頁・78頁）が有力化しているように見受けられる一方で，有効要件として捉えているように思われるものもある（たとえば，中田＝加藤・前掲注40）論文6頁）。この点につき争いのあることについては，古財英明「法律行為の成立要件・有効要件と立証責任——代理，確定性，実現可能性を中心として」『田原睦夫先生古稀・最高裁判事退官記念論文集・現代民事法の実務と理論（上）』（きんざい，2013年）82頁。

シンポジウム（報告②）

がりを議論するのは難しく，労働法分野において労働契約の成立につき独特な
法理が形成され展開するのも自然である。雇用形態を超えた普遍的な労働契約
法理の展開が目指される現在，契約の成立に関する一般法としての民法の意義，
特別法の体系性への寄与，今般の債権法改正に期待される基本的な原則の明文
化という点から，債権法改正により練り上げ型を包摂する合意による契約の成
立が定められるべきであると考える。

（しんやしき　えみこ）

---

42)　唐津博「有期雇用（有期労働契約）の法規制と労働契約法理」日本労働法学会誌121号
　　（2013年）25頁・29頁。

労働条件の形成と変更
——約款・事情変更原則等を中心に——

野 川　忍

（明治大学）

I　序

　本稿は，労働契約の展開過程において，その特質である継続性や集団性に着目し，進捗中の債権法改正作業が，これにどのような影響を生ぜしめるかを検討するものである。具体的には，まず約款法理の労働契約への影響を取り上げ，約款規制の構想が就業規則法理にどのように影響しうるのかを検討する。特に労契法7条と約款の契約への組入規定との関係，就業規則そのものではないような集団的規約と約款規制との関係，約款の変更と就業規則の変更との関係のそれぞれを検討し，併せて，不意打ち条項・不当条項規制が就業規則法理に与えうる影響を見たうえで，具体的に予想される諸問題にも触れる。さらに，事情変更法理について，労働契約関係固有の問題への効果についても検討することとしたい。

II　約款法理の労働契約への影響

1　中間試案に至るまでの経緯

　就業規則など労働契約に関する集団的規範と約款規制との関係については，約款に関する規制を具体的にどのように民法に組み込むかに関する議論の中で当初より検討が重ねられてきた。しかし，基本方針[1]の段階では，就業規則や労

1）　以下では，『詳解　債権法改正の基本方針』（商事法務，2009年，I～V）を，単に「基本方針」と略する。

シンポジウム（報告③）

働協約等，労働契約を規律する集団的規範との関係に触れられてはおらず，約款の定義や組み入れ要件などについての基本的な規定をどう整えるかについての議論がなされ，その不均衡性を踏まえた不当条項規制の必要性について消費者契約法における不当条項規制との整合性などが指摘されていた[2]。おおむね，基本方針の段階における約款をめぐる議論においては，組み入れ要件を中心として，契約法制全体の中での約款の位置づけが中心的な論点となっていたといえる。

　これに対しその後の法制審議会民法（債権関係）部会（以下「部会」）の議論では，早くから，約款規制と就業規則や労働協約等との関係について，どのように整理するのか，また現行の労働契約法7条や就業規則に関する判例法理との関係をどう理解するのかに関し，議論が重ねられた[3]。たとえば労働側からは議論の開始段階から，就業規則のみならず上部団体等が提供しているモデル労働協約なども約款となりうるのか，またそうした規約が約款となりうるとした場合，合意，労働協約，就業規則以外に労働契約を規律する四番目の規範が生じることになるのか，といった基本的疑問が提示されているし[4]，約款の拘束力について，合意を推定するか特別法による拘束力を認めるかの選択がありうるが，就業規則については労契法7条に合意原則の例外としてその拘束力が規定されているので，特別法による拘束力がすでに導入されていると認められることが指摘されている[5]。ここにはすでに，就業規則の約款該当性が認められる場合には労契法7条と民法の約款組入規定との関係を整序する必要がありうることが想定されている。さらに，22回会議では，約款の例として就業規則を明記する方向も示唆されている[6]。

　このような経緯を経て，「民法（債権関係）の改正に関する中間的な論点整理」（平成23年4月12日決定。以下「中間的論点整理」）[7]においては，約款の定義に

2）　基本方針Ⅱ80頁以下。
3）　部会第十一回新谷発言とそれをめぐる議論。
4）　『民法（債権関係）部会資料集第1集』（商事法務，2011年，Ⅰ～Ⅵ）（以下「部会資料」）第3巻18頁以下。
5）　第十一回会議，部会資料第一集3巻20頁山川発言。
6）　部会資料第一集6巻117頁。

ついて「労働契約に関する指摘として，就業規則が約款に該当するとされることにより，労働契約法その他の労働関係法令の規律によるのではなく約款の組み入れ要件に関する規律によって労働契約の内容になるとすれば，労働関係法令と整合的でないなどの指摘もある」との認識が示され，このような指摘を踏まえた検討が促されているほか，約款の組み入れ要件を規定するか否かについて労働契約法にも留意しながら検討されるべきであることも指摘されている。ただ，中間的論点整理においては約款の変更と就業規則の変更の関係についての記載はなかった。

　このような議論の展開を経て成立した「民法（債権関係）の改正に関する中間試案」（平成25年2月26日。以下「中間試案」[8]）では，それまで約款については抑制的な対応も有力に主張されていたにもかかわらず，中間的論点整理の段階よりも踏み込んだ規定が提示されている。約款の定義，組み入れ要件，不当条項規制，不意打ち条項規制，約款の変更規制など，およそ想定しうる諸課題について幅広くルールを設けている点が注目される。それまでの経緯とその中間試案への結実は，約款と就業規則等との関係が今回の改正に関する議論においても容易に解決のつかない課題であることを示すものといえよう。

2　就業規則と約款との関係

　就業規則については，周知のように約款としての性格を有することがつとに指摘されており，昭和43年の秋北バス事件大法廷判決（最大判昭43・12・25民集22巻13号3459頁）についても，就業規則を約款の一種とみたものとの指摘がなされるなど[9]，約款との親和性は共通の理解となっていたと言ってよい。ただ，就業規則が約款そのものと言えるのか，あるいは約款類似の定型契約と考える

7）　なお，中間的論点整理には補足説明も付されている。以下では「民法（債権関係）の改正に関する中間的論点整理の補足説明」（商事法務）（以下「論点整理補足説明」）より引用する。

8）　中間試案には補足説明も付されている。以下では「民法（債権関係）の改正に関する中間試案の補足説明」（商事法務）（以下「中間試案補足説明」）より引用する。

9）　下井隆史「就業規則─〈法的性質〉と〈一方的変更〉の議論をめぐって」『論争労働法』（世界思想社，1978年）274頁以下。

シンポジウム（報告③）

べきなのか，また約款に関する民法上の学説や判例の議論が，就業規則について どのように反映されるのかについては一致を見ないまま，前記秋北バス事件 大法廷判決をはじめとする判例法理により，就業規則はその内容が合理的であ って周知手続きが取られている場合には労働契約を規律ないし補充するとの見 解が定着した。現行労働契約法はこれを踏まえて，第七条により，周知と合理 性とを要件として，「労働契約の内容はその就業規則で定める労働条件による ものとする」との規定を置くに至った。要するに，就業規則と約款との関係に ついては理論的な決着を得ることなく，就業規則と労働契約との関係について 労働契約法独自のルールを用いて実務上の解決を示したと言えるであろう。

　しかし，今回，中間試案において約款の定義が置かれ，組み入れ規定や不当 条項，不意打ち条項，変更条項などが整えられたことから，ここに定められた 約款に関する諸規定と就業規則との関係が改めて重要な課題となった。

　まず，中間試案第30—1による約款の定義が，一般に就業規則にも適用さ れうることに異論はないであろう。労契法にも労基法にも就業規則についての 定義はなく，実態としての就業規則の多くがこの約款の定義に該当しうること は明らかであるからである。[10] この点，就業規則は特別な効力を最初から付与さ れた労働法独自の規約であって，民法の約款とはその基本的性格から一線を画 するとの理解もあり得ないではないが，前述のように就業規則について法的な 定義がなく，労働法上の独自性を確認しうる実定法上の根拠が薄弱である以上, 約款に該当しうること自体は否定しえないであろう。そうして，就業規則が民 法上の約款でもありうるという前提を踏まえると，労契法と民法との間で以下 のような困難な法的課題が生じるものと思われる。

　第一に，最も問題となるのは，30—2の組み入れ条項と労契法7条との関 係であろう。これについては，前提問題として，労契法7条が組み入れ条項自 体の特別規定と考えられるのか，あるいは並立するのかが問われうる。すなわ ち，仮に就業規則についてはそもそも労契法7条があることによって，組み入 れ条項の適用自体が否定されると考える場合には，就業規則と労働契約との関

---

10)　土田道夫編『債権法改正と労働法』（商事法務，2012年）176頁〔土田道夫〕。

労働条件の形成と変更（野川）

係は労契法 7 条のみが管轄するのであって，たとえば労契法 7 条の要件を満たさない場合であっても，就業規則である以上は組み入れ条項の適用はなく，あらためて約款規制の適用を検討する余地はないということになる。しかし，約款の組入条項と労契法 7 条が並立しうると考えた場合には，労契法 7 条の要件を満たしつつ組み入れ条項の要件も満たしている就業規則が，労契法には記載されておらず中間試案に示されている規定の適用により，労契法上の効力だけではなく約款としての効力も有することとなるか（後述の変更条項や不意打ち条項，不当条項規制など）が問題となるし，労契法 7 条の要件を満たしていないため労契法上は労働契約を規律しないが，組入規定の要件は満たす（労契法上は合理的でない規定を含んだ就業規則など）ものについては，改めて約款として労働契約を規律することとなるのかが問題となるであろう。

　この点，中間試案に対する補足説明は，組入規定について就業規則との関係に言及し，労契法 7 条が組み入れ規定の特別規定であって，就業規則である以上はこれによることになるので大きな問題は生じないとの指摘をしている[11]。この見解に従えば，少なくとも組入要件については労契法 7 条のみによって労働契約との関係が規律されることとなるということになろう。しかし，まず理論的には，労契法 7 条と組み入れ規定とは必ずしも相互に排他的な規定であるとは言えない。もともと就業規則と労働契約との関係については，就業規則の規定が労働契約の内容となるのか，労働契約内容を規律するのかについて議論があった。労契法 7 条は，周知と合理性の要件を満たした場合には，労働契約の内容は，その就業規則で定める労働条件によるとしていて，就業規則規定が労働契約の内容となるとは定めていない。むしろ，就業規則の規定が外部から労働契約内容を規律すると解することも十分可能であろう。労基法の立法過程においては，就業規則と労働契約との関係についてこのような考え方を肯定する国会の質疑もみられる[12]。

　そうすると，労契法 7 条の要件を満たす就業規則は，労契法によって労働契約を規律するが，同時に約款の組み入れ規定の要件をも満たす場合には，労働

11）　商事法務『民法（債権関係）の改正に関する中間試案の補足説明』（商事法務，2013年。以下「補足説明」）371頁。

シンポジウム（報告③）

契約の内容にもなるとの解釈が可能となる。就業規則によることの合意がなされている場合には現実的にもこうした事態はありえよう。したがって，中間試案及びその補足説明を前提としても，なお就業規則について中間試案の約款規制を議論する実益は失われていないと考えられる。また，仮に労契法7条が存在することにより就業規則には約款規制が直接及ぶことはないとの立場を採用したとしても，約款に関する諸規定を就業規則規定と労働契約との関係について類推適用することは当然想定しうるし，労契法7条に定める合理性判断に，約款としての就業規則に対する民法の約款規制の内容を反映させることも可能である。

　こうして，約款の組入条件を満たした就業規則について，不意打ち条項，不当条項，変更のそれぞれについて中間試案に示された諸規定との関係を検討することは十分に意味があるし，組入条件を満たさない就業規則についても，民法上の約款であることが明確ならば，労契法諸規定の解釈適用に当たって約款に関する規定が類推適用や合理性判断の要素となるなどの形でどのように反映しうるのかを検討することは有益であろう。

　以下では，このように約款に関する諸規制が就業規則の法的取扱いにも影響を及ぼしうることを踏まえながら，まずは就業規則以外の労働法上の規約と約款規制との関係を検討し，その後に就業規則それ自体と約款規制との関係につき検討を進めることとしたい。[13]

---

12) 『日本立法資料全集54　労働基準法（昭和22年）(3)下』（信山社，1997年）906頁。牧野英一貴族院議員が，93条により無効となった労働契約も，後に就業規則より有利な方向に再変更されれば当該部分が「生き返る」ことを，93条により労働契約がその間効力を停止されるだけと理解すべきであると主張して，政府委員〔吉武恵市〕もそれに同意している。

13) ジュリ1456号「債権法改正特集」号（2013年）32頁では，約款について組み入れ規定とセットにして不意打ち条項や不当条項，変更規制が規定されていることの趣旨を，そもそも合意が希薄だから約款によるという同意は合理的に予測できる範囲にとどまるという点に求め，したがって不意打ち条項や不当条項規制はその合理的予測の外延を画するものであり，内容規制が通常の契約より及ぶこともそこから正当化されるとの指摘がある〔沖野真巳教授〕。この発想は就業規則にも十分になじむ。

Ⅲ　就業規則法理への約款法理の影響

1　就業規則以外の規約と約款規制

　まず，労働契約を規律しうる集団的規範として就業規則以外に重要なのは，言うまでもなく労働協約である。労働協約は，就業規則と異なり労働組合と使用者とが合意の上で締結するものであるから，基本的には個別の合意を経て締結された契約であり，約款には該当しないのが通常であろう。もちろん，中央団体が作成した基本協約モデルをそのまま利用し，内容について個別の交渉を経ないで一括して労働協約を締結することも一般的に認められるが，それでも労働協約である限りは，個々の労働組合と使用者とが合意して成立するものであって約款規制の対象とはならないと考えられよう。また，労使協定については，私法的効力を有しないことが前提とされているので，もとより約款規制の適用は問題とならないが，労使協定の内容がそのまま就業規則に転記され，あるいは労働協約の内容にもなりうることは周知の通りである。しかしそれらの場合には，就業規則ないし労働協約の一部としての効力が検討されることになるにすぎず，労使協定固有の問題として約款規制との関係を検討する必要は生じない。

　事業所において作成され，労働契約ないしその付随的な契約となりうるもののうち，約款規制との関係で注目すべきものとして，企業年金に関する規程がある。これは退職労働者に対する年金給付を内容とする規約であり，一般には就業規則ではないと認められるのが通常であろうから，労契法7条は少なくとも直接には適用されず，まさに約款規制を受けることが想定される。

　ただこの点判例は，企業年金規程の契約との関係につき，「本件規程が本件制度の規律としての合理性を有しており，しかも，本件制度を規律する規範として本件規程が存在し，申込者がこれの内容を知ろうとすれば知り得た状況にあれば（いわゆる周知性），控訴人らにおいて，本件規程の具体的内容を知っていたか否かにかかわらず，本件規程によらない旨の特段の合意をしない限り，本件規程に従うとの意思で年金契約を締結したものとするのが相当であり，本

シンポジウム（報告③）

件規程は，本件契約の内容となっていると解される[14]」としており，合理性と周
知とを契約内容となるための要件としていることから，就業規則が労働契約を
規律する場合とパラレルに解しているものと認められる[15]。このような判断は，
当該年金規程が就業規則と同等のものとの労使の認識の下にあり，かつ就業規
則と類似した取扱をされていることを踏まえて，その法的性格についても就業
規則類似のものと位置付けているものと考えられるが，約款に関する規程が新
設された後は，約款の組み入れ規定に沿って判断されるのが自然であろう。し
たがって，不意打ち条項や不当条項に関する規制が及ぶことはもちろん，その
変更に当たっては労働契約法10条の類推適用ではなく，約款の変更に関する規
制が適用されることになる。そうすると，企業年金の一方的減額に関するこれ
までの判例法理や学説にも大きな変化がもたらされざるを得ないことが考えら
れる。

　さらに，退職後の競業避止義務や秘密保持義務についても，一般的な規約と
して退職労働者に一律に示されるものについては，約款規制に服することが十
分に考えられる。その場合には，たとえば競業禁止期間や地域や競業禁止の対
象業務についても，職業選択の自由と企業利益との比較考量といった視点だけ
ではなく，不当条項該当性の問題として争われる可能性も生じえよう。もちろ
んこれに対して，年金規程や競業避止義務規程等も，労契法上の就業規則では
なくても当該使用者の「労働者であった者」を対象としていることなどから，
就業規則に関する労契法の諸規定の類推適用を優先すべきであるとの主張もあ
りえようが，そのような主張においても，年金規程や競業避止義務規程等が就
業規則ではなく約款であることが明確な場合に，約款規制の適用を除外するこ
とを正当化することは困難であろう。

---

14)　松下電器産業グループ事件・大阪高判平18・11・28労判930号26頁。

15)　これに対し幸福銀行事件（大阪地判平12・12・20）は，就業規則の退職年金規程がその
　　まま契約内容となっていると認め，その打切り措置について事情変更はないとして無効とし
　　た。

2 就業規則に対する約款規制の影響の捉え方

次に，労契法上の就業規則と約款規制との関係をいかに考えるべきか。**図表1**のようにいくつかの場面に区別してチャートを想定することが可能である。

まず，就業規則が約款の組入条件を満たさない場合と満たす場合とに分けることができる。前者の場合は，就業規則と労働契約との関係は労契法のみによって規律されることとなるので，さしあたり約款規制に関する民法の規定が直接適用されることは考えられないし，中間試案の補足説明を組入規定以下の諸規定は労契法上の就業規則には及ばないという趣旨に読み込めば，間接的に適用が及ぶこともあまり考えられない。ただ，特に7条の合理性判断については，約款規制における不当条項や不意打ち条項の規範が判断要素として反映しうることを否定することは困難であろう。この場合の反映の仕方については，就業規則が組み入れ要件を満たす場合と特に異なることはないと思われるので後述したい。もちろん，実務上はこれらの約款規制に関する諸条項によらずとも，現在までの判例法理のみで不都合はないとの考え方もありうるのは当然である。

図表1 就業規則と労働契約との関係に対する法規制

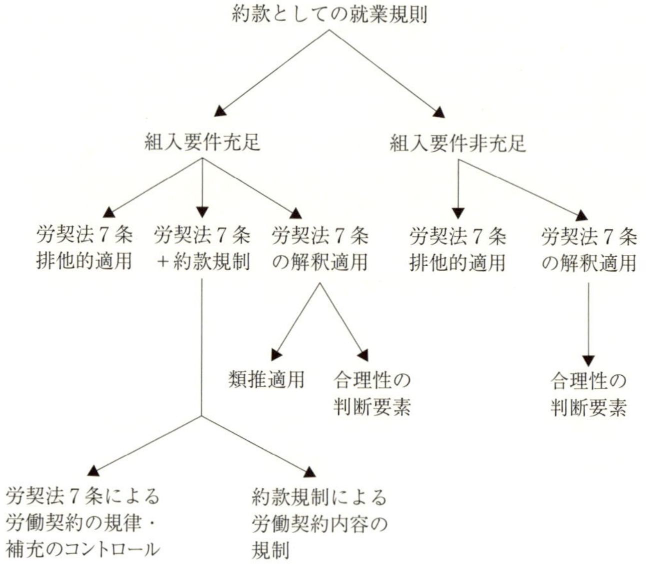

就業規則が約款の組入条件を満たす場合には，第一に，労働契約法上の就業規則が労働契約を規律するのは労働契約の内容になることによってではなく外部から規範として規律するとの前述の見解を取れば，労契法の諸規定と約款規制に関する諸規定とは並立して適用されるとの考え方が可能となる。この場合には，最低基準効や労働条件を規律ないし補充する効力は労契法によって生じるが，不当条項や不意打ち条項に関する規制は民法によって直接生じうるということになる。ただ，このような見解は就業規則と労働契約との関係に関する根本問題にかかわるので，本報告においてはその可能性を指摘するにとどめる。

第二に，約款規制の類推適用が考えられよう。この場合には，当該就業規則における規定が労働契約を規律ないし補充しないことの根拠づけとして，合理性判断と並んで，不当条項や不意打ち条項に該当することを主張することが考えられよう。

第三に，おそらく最も現実的かつ有益な方向として，約款規制の内容を労契法7条の合理性の判断に反映させることが考えられる。この場合には，労契法7条の合理性判断に当たって，就業規則が約款であることに鑑みて不当条項や不意打ち条項の規定の趣旨が合理性判断にも生かされるべきである旨主張されることとなろう。その具体的在り方は，不意打ち条項と不当条項に関する検討として後述する。

以上のように，就業規則が約款であることから，組入条件を満たす場合も満たさない場合も，その労働契約との関係を検討するにあたっては，約款規制との関係を考慮せざるを得ないと考えられるのである。

3　約款規定の変更と就業規則変更法理

就業規則と労働契約との関係それ自体についての約款規制の影響を踏まえたうえで，次に検討を要するのは，就業規則の変更法理である労契法10条と中間試案30―4との関係である。上述のように，仮に就業規則については労契法7条が適用されて，約款に関する組入規定が適用されないとすれば，約款変更の法理も組入規定の適用が前提となっているので就業規則には適用されず，労契法10条のみによる，との解釈が導かれる。しかし，その場合でも約款に関す

る変更法理が全く意味を有しないとは言えない。すなわち第一に，前述のような就業規則に関する「外部規律説」を別としても，類推適用や合理性判断の要素として約款規制に関する諸規定が労契法上の就業規則に反映するとするならば，就業規則規定の変更についても，約款の変更規制の類推適用や合理性判断への影響がありうるとの帰結が導かれよう。また第二に，労契法10条と中間試案30－4とでは，明らかに後者のほうが，変更が認められる可能性が狭い。特に，後述のように同意獲得については，就業規則の場合は当該事業所の従業員に限定されるので，「すべての相手方から契約内容の変更についての同意を得ることが著しく困難であること」という要件の適用は困難である。そうすると，30－4が適用された場合には，就業規則の改訂による労働条件の不利益変更に明確に反対の意を表明した労働者には，変更後の就業規則規定は拘束力を有しないということになる。したがって，就業規則改訂による労働条件の不利益変更の適用を免れようとする労働者は，30－4の類推適用ないしこれによる合理性の不備を主張することが考えられるのである[17]。

　そうして，仮に就業規則規定の変更について約款変更規制が何らかの形で反映しうるとすれば，最も問題となりうるのが，前述のように一方的変更を許容する要件としての「合意の困難さ」であろう。すなわち，典型的約款のうち，保険契約約款等については，適用対象者は不特定かつ多数にのぼり，全員の合意を得ることは物理的に不可能であると言えるのが通常であろうが，就業規則は当該事業場のみに適用されるものであり，たとえ多数であろうと適用対象者は特定できるし，就労して日常的に使用者と接触しているのであるから合意を得る手続も煩雑ではあってもここに言う意味での困難さはないと言える。そして，まさに就業規則の不利益変更が問題となるのは合意が得られない場合であ

---

16)　ただし，合理性判断の要素となりうるかについては，労契法10条は7条と異なり5つの具体的判断要素を示しているので，これに加えてなお約款規制についての諸規定が要素となり得ると解することは労契法7条の場合よりは意味を減じることとなろう。

17)　前掲注13)ジュリ特集号34頁では，定型性が高く，画一的な処理の要請が高く，大量の取引であって，一種の集団性があって，さらに，変更を要するということは，ある程度の継続性がある長期的なものということになる，との発言があり〔沖野〕，これも就業規則にきわめて親和的な解釈であると言える。

るから，仮に約款の変更規制が就業規則の変更にも援用できるとすれば，現場
では大きな混乱がもたらされることとなろう。

　それでは，具体的に約款の変更規制はどのよう就業規則の変更に援用しうる
か。この点，前述のように考え方としてはいくつかの可能性がありうるが，こ
こでも最も現実的で有益なのは，合理性判断の具体的内容として労契法10条に
記載されている「その他就業規則の変更に係る事情」への反映であろう。すな
わち，不利益変更された就業規則規定の不同意労働者への拘束力については，
労契法10条が制定される以前に膨大な裁判例と学説とが議論を重ねてきたが，
同条はそのすべてを反映しているわけではない。代償措置の有無や内容・程度，
特に深刻な不利益を被る労働者らへの激変緩和措置，賃金や退職金など重要な
労働条件と他の労働条件との合理性判断の相違等，判例法理となっていたと認
められるルールについてさえ，同条に直接記載されていないものは少なくない。
しかし，当然そうした諸ルールは労契法10条によって廃棄されたのではなく，
その解釈適用に当たって十分に考慮されると考えるのが自然である。そしてさ
らに，同条の解釈適用にあたっては，当該就業規則が約款規制を受けた場合に
は適用されることとなるルールについて，労働契約法の世界における就業規則
法理への反映の在り方が検討されるべきであることも当然であろうと思われる。
とりわけ，労契法はその1条において，この法律全体の理念として労働者保護
を明記しているのであって，同法諸規定の解釈適用に当たってこの理念が反映
されるべきであることは前提とされている。そうすると，労契法10条の解釈適
用に当たっても，当該就業規則が約款であり，約款規制においてその変更に当
たっては著しく困難でない限り労働者の同意を得ることが要件となっているこ
とを踏まえると，就業規則の法的性格が約款類似のものであるとの見解が10条
の前提となった最高裁の考え方に影響しているとの事実や労契法1条の労働者
保護理念に照らせば，同条に明確に別段のルールが記載されていない限り，た
とえば「従業員50名の本事業場において全員の同意を得ることは容易であり，
その手続を全く取ることなく変更された就業規則は，合理性がなく，同意しな
い労働者を拘束しない」という労働者側の主張があった場合には，少なくとも，
「使用者側はこれを覆し得る主張立証を求められる」との立場は十分に採用可

能であろうと思われる。

IV　不意打ち条項・不当条項規制と労働契約法理

1　不意打ち条項

　中間試案が出される前の基本方針においては，不意打ち条項を入れないとの提案がなされており，中間的論点整理案にも不意打ち条項規制は存在しなかったが，中間試案において改めて挿入された。約款については，組み入れ規定以下の諸規定は就業規則に適用されないとの立場をとれば，この不意打ち条項に関する規程も就業規則には適用されないこととなるが，上述のように就業規則が労働契約を規律する効果と労働契約の内容となる効果とは異なるとの見解や，約款規制に関する民法の諸規定も類推適用や合理性判断への反映は可能であるとする考え方によれば，就業規則において不意打ち条項に該当する規定が存在する場合には問題となろう。

　たとえば，人事において想定されていなかった配転の範囲や，諸手当の撤回条項，制裁に関する事項（会社の重要な器物を損壊した場合は賞与からその倍額を控除する，など）などはこれに該当する場合も十分に考えられる。これに対しては，そもそも不意打ち条項に該当するような規定は労働契約7条の合理性の問題として処理することが可能であるとの見解もありえようが，不意打ち条項の趣旨が合理性判断に影響しうることを否定する論拠とは言えない。たとえば，統一的画一的処理の必要性と言う観点からは合理的であっても，ある労働者にとってはあきらかに不意打ちであるという場合に，それが合理性判断に影響することは否定しえないであろう。実質的にも，たとえば，労働契約締結時には配転の範囲について十分な説明がなく，現地採用で職種も限定されているために合理的想定としては配転も限定されているとみなしうる状況でありながら，就業規則には広範な配転の規定があり，当該労働者にも適用されるものとされていた場合，当該規定は配転制度の円滑な運営という必要性からは当該労働者への拘束力を肯定しえても，右規定は当該労働者には不意打ちに当たり，当該労働者を拘束しないとの主張は十分に可能であろう。また，何らかの不始末に

シンポジウム（報告③）

おける損害をある手当の不支給要件とする就業規則条項等もこれに当たりうる。これらの状況において，労働者側が約款規制としての不意打ち条項該当性を主張した場合の処理基準は，容易には解決がつかない問題であると言えよう。

2　不当条項

不当条項は，どこに組み込むかについて対応が揺れた条項である。基本方針の段階では，約款及び消費者契約について規定されるべきことが想定されていたが，中間的論点整理の段階では，約款に限定されず，契約一般に対する規制として位置づけられていた。しかし，中間試案において約款に関する規制としてあらためて位置づけられたことにより，まさに就業規則における不当条項該当規定の扱いが問題となりうる。

実はこれについては，中間的論点整理において，不当条項規制を労働契約に及ぼす場合には，就業規則について労働契約法7条が完結した規制を設けているので必要ないのではないかとの見解があったことや，労働契約については使用者が条項使用者である場合に限り不当条項規制を適用すべきであるとの考え方が紹介され，部会の議論でも，使用者が約款使用者になる場合のみ適用するべきであると主張されていたが，中間試案にもその補足説明にも就業規則との関係は全く触れられていない。これも，そもそも約款規制は全体として就業規則には適用ないし類推適用もされないという立場に立てば特に検討の必要はないかもしれないが，前述のようにそもそも就業規則も約款であって組入規定の要件を満たした場合には不当条項規定もその解釈適用に反映しうると考えることが可能である。また実質的にも，不当条項に該当する規定は就業規則において十分に想定しうる。

たとえば就業規則の規定には，労働者の合理的想定を超えた不利益が規定さ

---

18)　基本方針Ⅱ「契約および債権一般(1)」104頁以下。
19)　中間的論点整理補足説明255頁。
20)　第Ⅲ巻44頁以下〔新谷発言〕。
21)　山川は，不当条項は拘束力の問題なので，拘束力について別途ルールがある約款には適用されないとの一般的原則の可能性を示唆している（第Ⅲ巻43頁）。

れていることも少なくない。不始末に対する制裁として思いもかけない過酷な処分が規定されていたり，時間外労働について実質的に使用者側の胸先三寸で無限定にこれを命じうる趣旨の規定などについてはトラブルも生じうる。これらについては，労契法上は7条の合理性判断にまかされているとみなし得ようが，これまで就業規則の規定自体に合理性がないことを理由として拘束力を否定した最高裁判決が皆無であることからも，今後は労働者が当該規定が約款規制における不当条項に該当することを示し，合理性判断においても，当該就業規則が約款である場合に，仮に約款規制が適用された場合には適用されるであろう不当条項規制の内容と同一の規範が，労契法における就業規則の拘束力判断においては合理性判断の一要素として考慮されるべきであると主張することは十分に考えられよう[22]。

また，不当条項規制における不当性の判断については，公序良俗に関して規定を置くことが予定されている暴利行為の判断における「著しく過大な不利益[23]」までは期待されていないので，労働者にとって就業規則規定による不利益の過大さを主張することはさほど困難ではない。したがって，訴訟において労働者がこれを主張することは実務上も合理的であると考えられよう。

V　事情変更の原則──労働契約における適用可能性

　事情変更の原則は，中間試案の補足説明32[24]によれば，前提となっていた事情の変更が，予見不可能で当事者に帰責事由がなく，契約目的が達成できないかそのまま契約内容を維持することが当事者間の衡平を著しく害することとなる

---

22)　これらの点につき，学会の議論においては，労契法7条の合理性はその内容が特定されておらず，約款規制における諸規範も合理性の判断枠組み自体の中に位置付けられるのではないかとの指摘があった。同条の合理性の具体的中身と約款規制の諸規範との関係は，今後慎重に検討されるべき重要な論点の一つである。

23)　「相手方の困窮，経験の不足，知識の不足その他の相手方が法律行為をするかどうかを合理的に判断することができない事情があることを利用して，著しく過大な利益を得，又は相手方に著しく過大な不利益を与える法律行為は，無効とするものとする」（中間試案第1─2）。

24)　「中間試案補足説明」383頁以下。

シンポジウム（報告③）

場合に，契約の解除または契約改訂の請求をすることができるとの法理であり，部会における議論では労働契約を除外する主張がみられた。しかし中間試案の補足説明においては，事情変更の法理が明文化された場合であっても，解雇に関する労契法16条や就業規則の変更に関する同10条などが存在すること，事情変更の法理はきわめて限定的な場合にのみ発動される性格のものであることなどから，これまでの労働契約法理に影響を与えることは考えにくいとの見解が表明されている。さらに，事情変更を労働契約について適用除外とすることは，労働者による本原則の主張の可能性を失わせることとなってかえって労働者保護に欠けるとの懸念も表明されており，総じて，約款の場合とは異なって労働契約も適用対象であることが確認されているといえよう。

　確かに，労契法16条がそのまま適用される場合や，就業規則による労働条件の変更については補足説明のいうとおりであろうが，労働契約関係の多様な展開は，これに留まらない課題を提示することが考えられる。

　第一に，整理解雇法理や労働協約の変更など，現在の実定法ルールないし判例法理が事情変更法理が適用された場合の処理について必ずしも明確な予測をもたらしえない場合があることである。すなわち，整理解雇については，最近の裁判例は，人員整理の必要性の判断要素は経営判断を大幅に尊重する方向に傾いているが，使用者は事情変更の原則が該当する事情が生じていることを指摘することによって，他の三つの判断要素を免れうることを主張することが考えられよう。仮に事情変更の原則が明定された場合には，判例法理に過ぎない整理解雇法理ではなく，事情変更の原則を適用して整理解雇の四要素を回避することが可能となるか否かが検討されよう。

　また，労働協約については，解約についても変更についても特別な法規定は存在しない。労働協約については，事情変更による一方的変更が認めらる場合がありうるとの裁判例もあり，民法に明記されれば，労働協約の一方的変更や

25）「中間試案補足説明」387頁。なお内田貴教授は，労働契約について影響を与えないことの論拠としてすでに労働条件変更に関する法理が整備されていることをあげる（部会資料集第1集〈第5巻〉95頁）が，それは事情変更法理がそもそも適用されないという趣旨か，あるいは実際には事情変更法理が発動される事態はほぼありえないということかは不明である。

労働条件の形成と変更（野川）

解約に関する具体的な解釈基準が必要となることとなろう。

　第二に，中間試案では事情変更の原則が認められた場合につき，契約の解除と契約内容の改訂の二つの請求につき検討することが記されている。このうち，労働契約について特に問題となるのは契約内容の改訂請求である。現行労働契約法を制定する過程における議論では，事情変更による契約内容改訂請求権と類似の提案がなされていた。[27] ただ，この提案に比べると，今回の事情変更法理にもとづく契約改訂の請求権は，要件が厳格であること，契約の両当事者に対等に付与されるものであることなどにおいてかなり様相を異にすると言える。補足説明でも指摘されているように，実務への影響という点からは，事情変更が認められる場合がきわめて限定されていることや，解雇法理や就業規則変更法理の存在などを踏まえ，今回示されて事情変更法理は，前述の提案の見解より労働契約法理に対して与える影響は小さいとみられるが，あらためて上記報告書の構想が労働契約における事情変更原則の特則として議論を復活させる可能性はあろう。その場合には，契約改訂請求権の前提としての再交渉義務の要否，団体交渉システムとの関係をどう整序するかなど困難な課題が控えていると言えよう。[28]

（のがわ　しのぶ）

---

26)　黒川乳業事件・東京地判平元・12・20労民集40巻 6 号648頁等。

27)　「今後の労働契約法制のあり方に関する研究会」報告書（2005年）。

28)　この点，労働契約において事情変更が認められない場合でも契約内容が変更される法理が定着していることを踏まえ，契約改訂請求権まで認められる場合と解消に留まる場合とで要件を変えることも検討されるべきであるとの発言が注目される（部会資料第 5 巻108頁〔山川発言〕）。

債権法改正と雇用の期間・終了

武　井　　寛

(甲南大学)

I　はじめに——雇用関連規定の議論の推移（中間試案まで）

　2009年に民法（債権法）改正検討委員会によりとりまとめられた「債権法改正の基本方針」（以下，「基本方針」という）では，「雇用」に関する規定は労働契約法との将来的な統合が望ましいとして，それまでの間は，「労働契約」の基本的な補充規範としてその実質を維持しつつ，規定を整序すべきとの基本的立場が示され，民法623条，625条，627条，628条，630条および631条の維持ならびに624条および626条の削除，そして，629条の改正が提案されていた。法制審議会の民法（債権関係）部会における議論を経て，2013年4月8日に示された中間試案では，基本方針で削除されるべきとされた626条は，カバーする範囲の労基法とのズレの観点から維持されることになったが，実態にあわない部分が削除され，解除予告期間が627条に合わせることとされた。[2]

　以上につき，条文との対比で整理すると，**図表1**のようになる（左側が現行規定，右側が中間試案。下線が削除または改正される部分）。

　実際の改正提案は，このようにわずかであり，「中間的論点整理」（2011年）までは維持されていた629条の改正案（「同一の労働条件」には期間の定めが含まれないことを条文上明記すべきであるとの考え方）は，中間試案では消えている。法制審での議論においては，この問題は労働政策上の課題であり，かつ，労働政

1）　第17回会議議事録55—56頁〔山川幹事，青山審議官発言〕参照。本注も含め，以下，紙媒体以外の出典は，法務省のホームページである。
2）　第58回会議議事録19—20頁（安永委員発言）参照。
3）　この規定の削除により，同項の年俸制への適用如何に関する議論は収束することになろう。

図表1　現行民法と中間試案の対比

626条	①雇用の期間が五年を超え，又は雇用が当事者の一方若しくは第三者の終身の間継続すべきときは，当事者の一方は，五年を経過した後，いつでも契約の解除をすることができる。ただし，この期間は，商工業の見習を目的とする雇用については，十年とする。 ②前項の規定により契約の解除をしようとするときは，三箇月前にその予告をしなければならない。	(1)期間の定めのある雇用において，5年を超える期間を定めたときは，当事者の一方は，5年を経過した後，いつでも契約を解除することができるものとする。 (2)上記(1)により契約の解除をしようとするときは，2週間前にその予告をしなければならないものとする。
627条	①当事者が雇用の期間を定めなかったときは，各当事者は，いつでも解約の申入れをすることができる。この場合において，雇用は，解約の申入れの日から二週間を経過することによって終了する。 ②期間によって報酬を定めた場合には，解約の申入れは，次期以後についてすることができる。ただし，その解約の申入れは，当期の前半にしなければならない。 ③六箇月以上の期間によって報酬を定めた場合には，前項の解約の申入れは，三箇月前にしなければならない[3]。	①当事者が雇用の期間を定めなかったときは，各当事者は，いつでも解約の申入れをすることができる。この場合において，雇用は，解約の申入れの日から二週間を経過することによって終了する。

策審議会で議論がなされる予定であるからとして，それ以上はほとんどふれられることがなかった[4]。他方，当の労働政策審議会では議論がまとまらず，「公労使で議論する状況にはまだ整理できていない」とされ，先送りとなっていた。このような状況を受けて，「法制審で改めて629条1項について議論をしてもよいのではないか」との議論も終盤において提起された[5]が，結局，「中間試案」にはこの問題は明記されなかった[6]。労働法学の側からも，629条をめぐるもっとも重要な立法論上の課題は，「同一の条件」に期間が含まれないことを明文化するか否かという点にあると注目されていた[7]が，それが見送られたことになる。

4）　第17回会議議事録56頁〔山川幹事，青山審議官発言〕参照。

5）　第58回会議議事録21頁〔安永委員発言〕参照。

シンポジウム（報告④）

　以上のように，改正へ向けた中間試案の提案はわずかなものにとどまる。こ
の点からいえば，本シンポにおける他の報告で扱われた分野に比して，実務へ
影響はほとんどないのではないかとの印象を受ける。しかし，労働契約法が改
正された結果，有期労働契約への一定の立法的対処がなされたといえる今日に
あって，また，後述するとおり，「中間試案」が継続的契約に関する提案を行
っている段階において，労働法的観点からこの問題をとらえ返すことが要請さ
れていると考えられる。

　そこで，本報告では，以下，雇用（労働）契約（両者の関係─峻別説・同一説─
を意識しつつも，民法について語るときは「雇用契約」，労働法について語るときは
「労働契約」，両方にまたがって語るときは「雇用（労働）契約」という呼び方をするこ
とにしたい）の期間と終了に関する法状況を整理し，検討を加えることとする。

Ⅱ　現行法の整理

　図表2を参照されたい。民法626条から628条は「当事者」という用語を用い
ているが，ここでは労働法との対称関係を明確にするために「労」「使」とい
う区別をしている。△は民法の規定が貫徹しないことを意味している。なお，
例外的なことがら（たとえば，労基法の期間の定めについての例外─5年─など）に
ついては図中に示してはいない（mは月，wは週である）。

　みられるように，民法と労働法の規制のあり方は相当に異なっており，かつ，
複雑である。今回の債権法改正の目的が「社会・経済の変化への対応」となら
んで，「国民一般にわかりやすいものとする」ところにあるのであれば，民法[8]

6）　弁護士会からは，1項後段を削除して解釈に委ねる道もあるのではないかとの意見も出
　されていた（第17回会議議事録58頁〔岡委員発言〕参照）。「中間的論点整理」の補足説明で
　は，「民法第629条第1項後段は明らかに期間の定めのない契約になることを前提とした規定
　と読めるため，当面の間この問題を解釈に委ねる前提として，後段を削除した方がよいので
　はないかという意見」があったと表現されている（『民法（債権関係）の改正に関する中間
　的な論点整理の補足説明』406頁）。

7）　土田道夫編『債権法改正と労働法』（2012年，商事法務）126頁〔奥田香子，篠原信貴〕。

8）　法務大臣諮問第88号（2009年10月28日）参照。さらに，この点については，内田貴『民
　法改正のいま』（商事法務，2013年）2頁以下参照。

債権法改正と雇用の期間・終了（武井）

図表2 民法と労働法における契約の期間と終了に関する規定

民法と雇用契約の期間・終了

期間の定め			
あり			なし
1回の上限	契約の解除の可否	契約満了	解約（申入れ）
なし	【626条】	【629条】	【627条】

	～5年	5年超			一方的解約	合意解約
労	×	○3m【2w】	労働に従事 異議を述べず	→黙示の更新（有期or無期）	○（2wで終了）	
使	×	○3m【2w】			○（2wで終了）	

【628条】

	やむを得ない事由あるとき	【試案：継続的契約一般】	
労	○	一方からの更新申入れ 存続に正当事由あるとき →更新（無期）	正当な事由 →終了せず
使	○		

労働法と労働契約の期間・終了

期間の定め			
あり			なし
1回の上限	辞職・解雇の可否	期間満了	解約（申入れ）
3年等	【労基法137条】	【雇止め法理≒労契法19条】	
【労基14】	～1年 ／ 1年経過後	満了（通算5年以下）	辞職と解雇 ／ 合意解約

	～1年	1年経過後			辞職と解雇	合意解約
労	×	○	反復更新または期待 合理的理由・相当性	→更新（有期）	○（2wで終了）	
使	×	△			△	

【労契法16条】【労基法20条】

	やむを得ない事由あるとき	【労契法18条】
労	○	通算5年超
使	△	無期契約申込み 承諾みなし →無期契約

【労契法17条】【労基法20条1項但】　労　使

の側からみても，労働法の側からみても，雇用（労働）契約の期間と終了をめぐる実定法の状況が見通せるものでなければならないのではないかと考えられる。この点については，最後に触れることとしたい。

Ⅲ　期間設定の意義と機能——民法・労契法・労基法の相互関係

契約に期間を設けることは，その期間中は当事者が契約に拘束されることを

シンポジウム（報告④）

意味する。契約の当事者は，やむを得ない場合をのぞいて，その期間中は原則として取り結んだ関係から離脱することはできないが，この関係は期間の満了により自動的に終了する。他方，期間が設けられなかった場合，一定の予告期間をおけば当事者はいつでも当該契約関係から離脱できることになっている。永久に離脱できないのも不合理だからだと考えられる。要するに，民法の想定する契約の期間とは，契約の拘束力の存続期間である。

　これを労使間の関係におきかえてみると，期間の定めのある契約は，一方では，期間の満了により契約が自動的に終了する（自動終了機能）とともに，他方，その期間は雇用が保障され（雇用保障機能），その期間中はその関係から自由に離脱できない（人身拘束機能）ことを意味する。これらはコインの裏表の関係にあるが，現在，雇用保障機能については労契法17条が，人身拘束機能については労基法137条が，それぞれ労働者保護の観点から，民法上の原則を修正している。

　雇用（労働）契約に期間を設けることは，その期間中は合意（民法623条，労契法3条1項）の拘束力が継続することを意味する。契約当事者（労使）双方ともに，その間「やむを得ない事由」がなければ（民法628条），その拘束力から自由になる（契約関係から離脱する）ことはできない。しかし，長期にわたる人身拘束への否定的評価から，民法は5年[9]（商工業の見習目的は10年——ただし，この部分は労基法によりすでに意味を失っていることもあり，中間試案では削除の提案がなされている）を経過した後はいつでも契約の解除が可能であるとし，労基法はさらに「やむを得ない事由」がなくとも1年を経過した日以後の退職を可能としている（労基法137条）。この労基法の規制による契約の拘束力からの解放は，労働者のみが行使できる特別な片面的自由であり，当事者双方に適用される民法的規律とは趣旨を異にする[10]。労契法にもこの意味での拘束力を制約する規定はない。したがって，労基法が適用されない「同居の親族のみを使用する

9）　5年間の拘束について，「民法としてそんなものを果たして認めていいのか」との疑念も呈されている（第17回議事録58頁〔内田委員の発言〕）。

10）　解雇の自由は，採用の自由および退職の自由と等質的な対称関係に立つわけではない。野田進「解雇」『現代労働法講座　10』（総合労働研究所，1982年）212頁。

事業」および「家事使用人」(労基法116条2項)は，契約で5年を超える期間を定めた場合は，5年間は当該契約の拘束力の下におかれることになる。他方，大学の教員等の任期に関する法律が，労基法137条の存在（当然大学の教員等にも適用される）にもかかわらず，「任期が始まる日から1年」を超えたときから任期中であっても退職することを許容する規定（5条5項）をおいているのは，そこに独自の意義が込められているからにほかならず，同法における任期は雇用（労働）契約における期間——契約の拘束力の及ぶ期間——とは異なる[11]というべきことになる（なお，同法は任期の上限を定めていない）。

IV　有期契約と終了または継続

1　民法629条1項の意義

契約に期間を定めた場合の自動終了機能については，民法では，期間満了後であっても，労働者が引き続き労働に従事し，使用者がこれを知りながら異議を述べないときは，従前の雇用と同一の条件でさらに雇用をしたものと推定するとしている（自動更新）。

この規定については，少なくとも立法趣旨からは，①「従前の雇用と同一の条件」のなかに雇用の期間も含まれること，②ただし，その場合，期間の定めのない雇用契約の場合と同様に2週間の予告で解約することができると解されていたとの指摘がある[12]。もっとも，民法学説上は，期間については期間の定めのないものとなるとの解釈が有力に示されていた[13]。現在にいたるまでに蓄積された裁判例においても，ごく一部をのぞき，圧倒的多数が更新後は期間の定めのないものとなるとしている[14][15]。これはおそらく，当初の合意の不明確さがあらわになっていることによるものであると考えられる。このような場合，契約の

---

11)　野田進『事例判例労働法〔第2版〕』(弘文堂，2013年)96頁，同「教員任期—その名にちなんで」(書斎の窓2013年9月号，表紙裏)参照。

12)　土田・前掲注7)114頁。

13)　我妻栄『債権各論中巻二』(岩波書店，1962年)589頁等。

14)　タイカン事件・東京地判平15・12・19労判873号73頁。

シンポジウム（報告④）

存続期間を定めるという合意がはたして確固たるものであったかとの疑念が生じることは避けられないからである。逆に言えば，当初から期間の定めなき契約を締結する意思であったと解する方が，当事者の客観的意思の推定としては合理的であるとの理解が存在すると考えられる。民法上は，期間の定めなき雇用契約はいつでも2週間の予告期間をおけば解約することができることになるので，契約の拘束力の存続期間が永続する不都合は生じないことも，この理解を支えていると思われる。

この民法627条1項について，労働法学説でも，有期のままであるとする説と無期となる説が存在する。有期のままであるとする説の眼目は，解雇自由を前提とする民法制定当時ならいざしらず，解雇権濫用規制が確立している現在，いったん黙示の更新がなされると一挙に解雇の不自由な無期契約に転換されるのは適切でないというところにあるのであろうと考えられる[16]。しかし，労契法16条が解雇一般に合理性・相当性を要求し，同17条が有期契約についても「やむを得ない事由」がなければ解雇できないとする明確な雇用保障の規定をおき，全般的に解雇への規制が明確化されている現在，あえて上記のような解釈をとる必要があるのだろうか。そこには，民法は解約（解雇）の自由をあくまでも基調としているとの前提的立場へのこだわりがあるのかも知れない。しかし，あとで述べるように，解約の自由をことさら強調することは，試案に示されたごとく，民法自体が継続的契約の解約の自由に制約を加えようとしていることにもそぐわないことになろう。最近のある判決も次のように述べている。いわく，「解雇権濫用法理等が雇用契約の拘束力に一定の変化をもたらしたことは否定できないとしても，そのことが直ちに民法の規定の解釈にまで影響を及ぼ

---

15) 東亜バブル事件・神戸地判昭34・7・2労民集10巻4号741頁，山口放送事件・東京地判昭55・3・10労判337号27頁，旭川大学事件・旭川地判昭53・12・26労民集29巻5・6号957頁，読売日本交響楽団事件・東京地判平2・5・18労判563号24頁，紀伊高原事件・大阪地判平9・6・20労判740号54頁，角川文化振興財団事件・東京地決平11・11・29労判780号67頁，自警会東京警察病院事件・東京地判平15・11・10労判870号72頁，日本ユニ・デバイス事件・さいたま地判平24・4・26労旬1785号55頁等。

16) 菅野和夫『労働法〔第10版〕』228頁，『注釈労働基準法　上巻』（有斐閣，2003年）274頁〔大内伸哉〕。

すものとは考え難い[17]」と。そして，なによりも民法自体が変化しようとしているのである。

2　民法629条１項と労働契約法19条

　労働者の就労の継続とそれに対する使用者からの異議のないことを要件として，契約の更新を推定する民法629条１項の考え方は，使用者による更新拒絶＝雇止めには適用困難である。使用者からの異議がなく労働者の就労状態が継続している場合に，当事者の当初からの契約継続意思を推定するのは比較的容易であるのに対し，雇止めはまさにそこで労働者の就労を打ち切る使用者の意思に基づいてなされるものだからである。しかし，この雇止めについて，判例法理は，更新その他の実態から「実質において」「いずれかから格別の意思表示がなければ当然更新されるべき労働契約を締結する意思」であったと解すことができる場合は，「あたかも期間の定めのない契約と実質的に異ならない状態で存在していた」ものといえるので，雇止めの意思表示は「実質において解雇の意思表示」にあたり，したがって，解雇に関する法理を類推すべきである[18]とし，また，雇用関係に「ある程度の継続が期待されていた」と評価できる場合，当該雇止めには「解雇に関する法理が類推され，解雇であれば解雇権の濫用，信義則違反又は不当労働行為などに該当して解雇無効とされるような事実関係の下に使用者が新契約を締結しなかったとするならば，期間満了後における使用者と労働者間の法律関係は従前の労働契約が更新されたのと同様の法律関係となる[19][20]」として，有期契約が当然には終了しないとの考え方を示してきた。

　なぜこのように解すべきかについて，最高裁自身はその理由を述べていないが，下級審レベルでは，「期間の定めのない労働契約においては解雇権濫用法

---

17)　前掲注15)の日本ユニ・デバイス事件判決参照。この事件の判例評釈として，塩見卓也「有期労働契約の無期労働契約への転換と派遣・偽装請負労働者の解雇の有効性」労旬1796号（2013年）39頁以下がある。

18)　東芝柳町工場事件・最一小判昭49・7・22民集28巻5号927頁。

19)　日立メディコ事件・最一小判昭61・12・4裁判集民事149号209頁。

20)　パナソニック・プラズマディスプレイ事件では，この2つを最高裁自身が整理して一般論として提示している（最二小判平21・12・18民集63巻10号2754頁）。

シンポジウム（報告④）

理が適用される一方で，使用者が労働者を雇用するにあたって，期間の定めの
ある労働契約という法形式を選択した場合には，期間満了時に当然に労働契約
が終了するというのでは，両者の均衡を著しく欠く結果になることから，判例
法理は，雇用継続について，『労働者にある程度の継続を期待させるような形
態のものである』という，比較的緩やかな要件のもとに，更新拒絶に解雇権濫
用法理を類推適用」していると述べるものや[21]，民法629条1項を根拠に日立メ
ディコ事件判旨を解するものがある[22]。とくに後者は「同項は，期間満了後にお
いても労働者が就労している場合において，使用者がこれを知りながら異議を
述べないときは，従前と同一条件での雇用が推定されているところ，使用者が
解雇無効とされるような事実関係の下に雇止めする等，雇用の継続に異議を述
べたときは，その異議は権利濫用のため無効となり，法的には異議がなかった
こととなるから，同項に定める法律上の推定が働き，雇用が継続されると考え
られる」としている。すでに指摘されているように[23]，仮にこのような理解が可
能であるとすると，民法629条1項について無期契約説をとった場合，雇止め
が違法とされた後の契約関係は期間の定めのないものとなると解する余地があ
る。もっとも，日立メディコ事件最高裁判決が「従前の労働契約が更新された
のと同様の法律関係となる」としているところから，有期であると解する見方
が一般的であるのは周知のとおりである。

　労働契約法19条は，判例で認められてきた上記雇止め法理を実定法化したも
のであると説明されている。本条をめぐっては，そもそも判例法理をそのまま
明文化したといえるのかという点からはじまって，その解釈，実際の帰結にい
たるまでさまざまに議論されている。ここでそれらの議論に立ち入ることは，
本報告の趣旨を外れるので差し控えたい。

　しかし，同条が，労働者が「有期労働契約の更新の申込みをした場合」また
は「有期労働契約の締結の申込みをした場合」と，文言上，申込みの中身に
「有期」というしばりをかけ，さらに，使用者による承諾のみなしの対象につ

---

21) 明石書店事件・東京地決平22・7・30労判1014号83頁［ダイジェスト］。

22) 中野区（非常勤保育士）事件・東京高判平19・11・28労判951号47頁。

23) 土田・前掲注7）書122頁〔奥田・篠原〕。

いても，「従前の有期労働契約の内容である労働条件と同一の労働条件」と，あくまでも契約の継続は有期限定であることに異論をさしはさむ余地のないよう周到に規定されていることに留意しておきたいと思う。なぜならば，本条項は，先の下級審裁判例のように雇止め法理を把握する余地を立法によって奪うことになったのではないかと考えられるからである。

さらに，労契法19条により更新された契約が有期であるとした場合，先に述べた契約の拘束力はどう考えるべきなのであろうか。労働者は再度当該契約期間の間は拘束されるのであろうか。すなわち，更新前の契約期間と通算して1年を超えているとき，そこに労基法137条は適用されないのであろうか。同条は「1年を超える」期間の定めのある労働契約を締結した労働者は，民法628条の「規定にかかわらず，当該労働契約の期間の初日から1年を経過した日以後においては，その使用者に申し出ることにより，いつでも退職することができる」と定めているので，1年を超えない期間の定めある労働契約が更新をくり返しても，適用がないと解する余地がある。そして，ネット上ではそのような説明が散見される。しかし，「有期契約労働者の雇用管理の改善に関するガイドライン」では，年次有給休暇について，「『継続勤務』の要件に該当するかどうかについては，勤務の実態に即して判断すべき」とされ，「有期労働契約を反復して労働者を使用する場合，それぞれの労働契約期間の終期と始期との間に短期間の間隔を置いたとしても，それだけで当然に継続勤務が中断すること」にはならないとしている。「使用」が労基法適用の重要な指標である以上，この見解は妥当であろう。そして，この考え方が拘束力の存続期間にも適用されるとすると，更新後の労働契約に労基法附則137条も適用されるということになる。人身を拘束しうる期間を1年に限定するのが労基法附則137条の趣旨である以上，このように解すべきではないかと考える。

V （無期）契約の終了原因の一つとしての合意解約

民法627条は，当初は維持方針がとられていたが，中間試案では2項および3項の削除が提案されている。この削除提案に異論はない。ただし，契約の終

シンポジウム（報告④）

了にかかわって，それが「解約の申入れ」とそれに対する承諾という構成になっていることとの関連で，「承諾期間の定めのない申込み」をめぐって，「中間的論点整理」までは一定の議論があったことに留意しておきたい。

すなわち，労働契約に関しては「クーリングオフ制度」が法制化に至っていない現段階において，対話者間のみ特則（対話が終了するまでの間は，いつでも撤回することができるものとする）を置き，民法第524条の文言から「隔地者間」を削除し一般化することには，現在確立している労働者の保護水準を大きく後退させるという観点から，賛成できないとの意見が表明されていた。[24]そのようにしてしまうと，「辞職届の撤回」について，最高裁判決で確立している判例法理[25]（権限ある者の承諾あるまでは撤回を認める考え方）を維持することが不可能となることへの危惧からである。結果的に「中間試案」では，「ただし，申込者が反対の意思を表示したときは，その期間内であっても撤回することができるものとする」との文言が加わり，また，「労働者の側から労働契約を合意解約する旨の申込みをした場合について，撤回を認めてきた裁判例の考え方に影響を与えるおそれがある」として，「民法第524条の規律を維持するという考え方がある」との注記がなされている（第28 契約の成立 3承諾の期間の定めのない申込み）。

しかし，労使間における合意解約をめぐる問題の一つは，労働者による合意解約の申込みが真意に基づくものではない場合であっても，いったん権限ある者の承諾があったとされた場合には撤回は不可能となり，残された手段たるその意思表示の瑕疵を争うことも極めて困難であるというところにある。[26]この問題については，学説上，仮に労働者が申出を撤回したとしても，それにより使用者は特別の不利益を被るわけではない等の理由から，「辞職」と「合意解約の申入れ」の両者につき，2週間以内であれば原則としてそれを撤回することができると解すべきではないかと唱えられている[27]ところである。

24) 第49回会議議事録36―38頁〔安永委員文書発言〕。

25) 大隈鉄工所事件・最三小判昭62・9・18労働判例504号6頁。

26) あるいは，そもそも意思表示をしたといえるかが問題となる場合もある。たとえば，O法律事務所（事務員解雇）事件・名古屋地判平16・6・15労働判例909号72頁，同事件・名古屋高判平17・2・23労働判例909号67頁。

債権法改正と雇用の期間・終了（武井）

　法制審の議論のなかには，契約の成立については，申込みと承諾という古典的な概念で説明するのは，やはり現代の色々な取引を見ると，むしろ必ずしも妥当ではなく，重要な点についての意思の合致というような概念で説明した方がよいとの見解も表明されていた。[28] 合意解約についても，このような意思の合致という観点からの議論が，形式的な申込みと承諾の枠組みを超える議論へとつながる可能性があったのではないか（「自発的」な退職に向けたシステマティックな退職勧奨が進められている現在，この問題はその重要度を高めている）と思われるが，残念ながら中間試案ではその方向が採用されてはいない。

VI　中間試案における継続的契約に関する総則的規定創設と労働法

1　中間試案の提案内容

　基本方針では，継続的契約について，「従来，賃貸借契約や雇用契約に関する規定の類推適用を始めとして，判例や学説による解釈に委ねられてきた」が，「規範の透明性を高めるため，可能なものについては，明文を置くことが望ましい」とされ，主として終了の観点からの定義規定の提案がなされていた。[29] その後，一般的な定義規定をおくことの困難さ等から定義規定そのものは中間試案では提案されなかった。しかし，終了のあり方の一般的な考え方を示す規定をおくことが提案されている。

　まず，期間の定めのある継続的契約の終了については，(1)期間の満了によって終了するのが原則であるが，例外的に(2)「当事者の一方が契約の更新を申し入れた場合において，当該契約の趣旨，契約に定めた期間の長短，従前の更新の有無及びその経緯その他の事情に照らし，当該契約を存続させることにつき正当な事由があると認められるときは，当該契約は，従前と同一の条件で更新されたものとみなすもの」とし，期間については「定めがないものとする」と

---

27)　道幸哲也ほか『リストラ時代雇用をめぐる法律問題』（旬報社，1998年）106頁〔島田陽一〕。

28)　第9回会議議事録21頁〔深山幹事発言〕。

29)　『詳解　債権法改正の基本方針　V』（商事法務，2010年）400頁以下。

シンポジウム（報告④）

提案されている。

　次に，期間の定めのない継続的契約の終了については，(1)当事者はいつでも解約の申入れをすることができ，(2)その場合，「相当な期間」の経過で終了するが，(3)「当事者の一方が解約の申入れをした場合において，当該契約の趣旨，契約の締結から解約の申入れまでの期間の長短，予告期間の有無その他の事情に照らし，当該契約を存続させることにつき正当な事由があると認められるときは，当該契約は，その解約の申入れによっては終了しないものとする」と提案されている。

2　期間の定めのある継続的契約と労働契約

　基本方針では，「信義則上，更新拒絶が認められないことがありうることを示す」ために規定が設けられるとし，「とくに，短期の契約期間が実質的には当事者の一方に契約を無理由で終了させる権限を与えるものである場合，形式的には期間満了による終了であるために，権利濫用等の規律を及ぼすことが事実上困難になることがあるので，確認的であるにせよ，このような規定を置く意味がある。」とされていた。ただし，労働契約等「契約類型について特有の規範が存在する場合には，その規範による」こと，信義則の具体化であるから「あくまでも個別の契約における諸事情に照らして判断されるものであるにすぎない」とも説かれていた。[30]

　法制審における議論の過程では，労働契約に関する判例法理との関係についての懸念，判例法理が損なわれることになると問題である，労働者側からの更新拒絶も制約されるとすると妥当でない等の意見表明がなされており，「中間的論点整理」の補足説明でもそのことにふれられていた。[31][32]しかし，中間試案では，文言が変更されつつも，一方が更新を申し入れた場合，先にしめしたとおり，諸般の事情に照らし「存続させることに正当な事由があるとき」の契約の更新（期間は無期）が提案されている。本条は一般規定であるから，特則があ

---

30)　前掲注29)411頁。

31)　第20回会議議事録9─13頁〔山川幹事，青山関係官の発言〕。

32)　『民法（債権関係）の改正に関する中間的な論点整理の補足説明』451頁。

ればそれが優先する。しかし，特則，すなわち民法629条1項には有期になるか無期になるかの文言が規定されていない（だからこそ，有期または無期へと説が分かれたわけであるが）以上，同条がそのままであるとすれば，無期化を定めている継続的契約に関する一般規定が適用されることになると考えられる。そうすると，期間の定めのある継続的契約については，少なくとも民法的規律の方が労働者保護に資することになるという事態が生じうる。

3 期間の定めのない継続的契約と労働契約

基本方針では，期間の定めのない継続的契約は，解約申入れにより将来に向かって終了することの意義が述べられているが，終了しない場合については述べられていなかった（解約申入れにつき権利濫用の一般法理が及ぶと触れられているのみ[33]）。中間試案の元となった，たたき台においては，「解約の申入れをするにつき正当な事由がないと認められるときは，その当事者の一方は，解約の申入れをすることができないものとする」と，解約の申入れそのものができないという規定のしかたになっていたが[34]，中間試案では「申入れによっては終了しない」という文言に改められている。いずれにせよ，試案が現実化すれば，期間の定めのない契約について，例外とはいえ，存続させることにつき「正当な事由」がある場合は終了しないということが民法のなかに規定されることになる。

期間の定めのない継続的契約の解約について，民法上は，①原則として自由に解約することができる，②やむを得ない事由が必要，③自由に解消しうるが損害賠償責任を負うとする三つの立場があるが，実際の裁判例には全く自由とみる見方は見当たらないといわれている[35]。だとすると，試案で述べられている前述の(3)は，解約を申し入れられた側が存続させることにつき正当な事由があると立証できた場合は終了しないという，新たな類型を付け加えたと解する余地が生ずる。労働（雇用）契約にひきつけていえば，労働者の側が契約を存続

---

33) 前掲注29)408頁。
34) 部会資料57（中間試案のたたき台(5)）53頁。
35) 座談会「継続的契約とその解消」判例タイムズ1058号（2001年）21頁〔手島あさみ裁判官〕。

シンポジウム（報告④）

させることについて，正当な事由があることを立証できれば，使用者側からの解約を制約しうる余地が生じうることになる。

ひるがえって，労働契約法16条を見ると，同条は「解雇は，客観的に合理的な理由を欠き，社会通念上相当であると認められない場合は，その権利を濫用したものとして，無効とする」と規定する。判例法理を実定法化したものとされるこの解雇権濫用の考え方は，概略次のように説かれる。民法627条の「いつでも」（かつては「何時ニテモ」）解約申入れができるというのは，解約の自由を定めたもので，労働者の退職の自由と同様に使用者による解雇は自由であるのが原則であるが，権利濫用の禁止という一般法理の枠を逸脱することはできず，他の私権と同様にその法的効力を否定される，と。

しかし，労働契約法ができる前から，民法627条の「何時ニテモ」は，使用者の側で理由を問わずに解雇できる一般原則を規定したという事実を立法過程からは見出し得ず，「何時ニテモ」とは，文字通り解約の時期を問わないという意味（whenever）であって，必ずしも理由のいかんを問わないこと（with or without reasons）を意味しないとの重要な指摘[36]が存在していた。また，すでに述べたとおり，解雇の自由と退職の自由は解約の自由として同質的なものとは言えない。民法学においても，形式的には「権利」の外形をもつが，それが濫用と評価されるとすれば，それはむしろ権利に内在する制約にほかならない（権利の限界付け）との指摘[37]もある。解雇事由を一般的に制約する実定法として労働契約法が存在し[38]，民法に上記のような規定がおかれようとしている現在，解雇の自由ないし解雇の権利を前提とする労働契約法の表現は見直しを迫られているというべきであろう。ちなみに，民法学説からは，解雇に関する権利濫用説，正当事由説をめぐる議論は，継続的契約の解消にあたり，「やむを得ない事由」テストによる場合と，権利濫用等のテストによる場合とでは，証明責

36）　青木宗也＝片岡昇編『註解法律学全集44　労働基準法Ⅰ』（青林書院，1994年）250頁〔渡辺章〕。

37）　川上正二『民法総則講義』（日本評論社，2007年）16頁。

38）　前掲注36）では，「解雇の自由」は，解雇の理由を一般的に制約する実定法規定が存在しないという消極的事情ないし法の歴史的段階を説明（解釈）する相対的な法命題であるというべきである，と述べられている（251頁）。

任等の違いはあるとしても，それほど大きな違いがあるわけではないとの指摘[39]もみられるところである。

Ⅶ　見通しよい民法と労働法の関係に向けて

　民法と労働契約法の関係について，本報告で扱った点に限ってではあるが，相互の見通しをよくするためにはどうしたらよいだろうか。野田報告が述べているように，労働法的規律は労契法にゆだねる「統合説」，一定の基準により民法と労働法にその規律を分離する「分離説」，さらに，労働契約と雇用契約との「同一説」「峻別説」が絡んで複雑である。

　しかし，さしあたりは，現状をなるべく変えないことを前提に考えるとすると，少なくとも，次のことは必要だと考える。

　第一に，すでに述べたとおり，民法627条が労使の解約の事由を同質的に規定している点を改めるべきである。たとえば，図表2の「期間の定めなし」の民法部分における使用者からの解約については，労働契約法や労働基準法の参照を求める規定をおくことが考えられる。あるいは，すでに民法のなかにおいて「労働者」「使用者」という言葉が用いられているのであるから，期間の定めなき契約の場合は，労働者は2週間の予告期間をおけばいつでも契約関係を離脱（退職）できるが，使用者はそうではないことを明確にすることなどが考えられる。この点，しばしば非正規の就労を望む理由として「会社にしばられたくない」というアンケート結果の多いことが強調されることがあるが，この2週間の予告期間をおけばいつでも退職可能であるという事実を労働者が知ったうえで回答しているのか，疑問なしとしない[40]。

　期間の定めのある契約についても同様に，労契法17条の参照規定を民法626条に設けることが考えられる。

---

39)　中田裕康「契約解消としての解雇」新堂幸司・内田貴編『継続的契約と商事法務』（商事法務，2006年）244頁。

40)　次のような指摘もある。「労働者自身が，無期雇用の場合にも退職の自由があるのを知ったうえで，本心から有期雇用を望むことはあまり想定できない」（西谷敏「労働契約法改正後の有期雇用」労旬1783＝84号9頁）。

シンポジウム（報告④）

合意解約の申入れと承諾については，少なくとも労働者によるその撤回の制度的保障規定を設けるべきである。これは労働法特有の規定として，労働契約法に規定すべきであろう。

Ⅷ　お わ り に

中間試案で示された継続的契約および契約に関する基本原則等で示されている考え方（付随義務や保護義務，そして信義則等の適用にあたっての考慮要素としての格差の存在）は，社会的実態（格差の存在）を正面から認め，それを契約論に積極的に取り込み，当事者の実質的対等性を確保していこうとするものと考えられる。ある裁判官は，継続的契約の解消問題を扱う際，整理解雇法理と共通性の認められる事由について検討して，継続的契約における「やむを得ない事由」の存否を判断している裁判例の存在を指摘しており[41]，民法領域への労働法的視点の浸透を示すものである。

他方，最近の労働法実務においては，書面上に示された意思の存在をもって，「真に自由な意思表示」と扱う事例がみられる[42]。不更新条項の存在をもって，「労働契約を更新する意思が全くないことを示すもの」であり，「労働者の雇用継続に対する期待」を否定する裁判例もみられる[43]。

以上のような状況は，一方での民法領域における市民法的理念と社会法的理念の相互浸透，他方での労働法領域における市民法的理念の局所的顕在化とでも表現しうる事態である。労働法学としては，社会構造の変化もにらみながら，民法学をはじめとする隣接諸領域の議論に学びつつ，労使間における構造的非対等性の克服をどのようにしてはかるべきかについて，よりいっそうの探求が求められているといえる。

(たけい　ひろし)

---

41)　加藤新太郎編『判例Check　継続的契約の解除・解約』（新日本法規出版，2001年）154頁〔馬場純夫〕。

42)　協愛事件・大阪高判平22・3・18労判1015号83頁。

43)　本田技研工業事件・東京高判平24・9・20労経速2162号3頁，ダイキン工業事件・大阪地判平24・11・1労働判例1070号142頁等。

危険負担法理と役務提供契約

根 本 到

（大阪市立大学）

は じ め に

労務の履行がない場合に賃金請求権の発生の有無を規律する危険負担法理の存否は，「債権法改正と労働法」を議論する際の重要論点の一つと位置づけられてきた。民法536条2項という契約一般に関する規律でありながら，その適用事例の多くが雇用契約に関するものであったからである。理論的にも，債権者の責めに帰すべき事由という帰責事由の要件の妥当性や，履行不能だとすれば反対債権の成立も認められないのではないかといった疑問が生じ，その規律の仕方に多くの関心が集まったのである。そこで，この論文では，労務の履行が不可能になった場合の報酬請求権の規定について，法制審においてどのような議論が展開されたのかをみたうえで，労働法としてこれをどう受けとめるかについて論じてみることとした。

また，この労務の履行が不可能になった場合の報酬請求権の問題とも関係するが，雇用，請負，委任，寄託を包摂する上位のカテゴリーとして役務提供契約を設けることが法制審において当初は提案されていた。しかし，2013年に出された中間試案では役務提供契約に関する規律は削除され，準委任に修正を加える提案がなされた。様々なサービスの給付を目的とする契約が社会の変遷にともなって登場したことを考えれば，役務提供契約の規律を削除するのは妥当であるのか，あるいは，役務提供契約の規律を設けないことを前提に準委任の規律を新たに定めるとすれば，どういった点に注意を向けるべきなのかなど，雇用または雇用類似の役務提供をする契約に限り，これをどのように位置づけるべきかが問題となる。労働法からみて，役務提供契約を設けないことと新た

シンポジウム（報告⑤）

な準委任の規定の当否についても考察を加えてみたい。

I 危険負担法理と労務の履行が中途で終了した場合の報酬請求権

1 法制審での議論状況

(1) 基本方針

まず，労務の履行がない場合の報酬請求権の問題について，法制審での議論をふり返る前に，基本方針の提案をみておくことにする。基本方針[1]では，危険負担制度の廃止が提言された。その理由は，これまで解除権の発生要件として帰責事由が求められてきたが，解除は契約の拘束力から当事者を解放する制度であると捉える見解が有力になり，これを採用したからである。その結果，解除と危険負担との関係において，基本方針【3.1.1.85】にあるとおり，現民法534条から536条1項までの廃止が提案された。ただし，一方当事者の債務の不履行により相手方が反対債務を免れるか否かの問題は残るとして，536条2項の規律を維持する提案をしたのが，基本方針【3.1.1.86】である。危険負担の原則的な規律である債務者主義などを廃止しておきながら，履行不能の場合の債権者主義を残すことについては，536条2項はその論理を前提としておらず，解除一元論の下でも理論的整合性を失わないとされたのである。

このように，基本方針は，現民法536条2項の規律を維持する提案したが，その一方で労務の履行がない場合に報酬請求権を認める規定の要件を変更することを提案した。すなわち，解除の要件である債務者の契約の重大な不履行を，債権者が義務に違反したことによって招来した場合には，債権者の解除権が否定され，反対給付請求権が認められるとしたのである。報酬請求権を認める要件として，義務違反という要件が提案されたことに留意しなければならない。また，基本方針では，同種の規定が役務提供契約の規律としても設けられている[2]。役務提供契約という典型契約を設ける提案がなされたことについては後述するが，この役務提供契約の帰責事由という要件については問題があり，維持

---

1) 民法（債権法）改正検討委員会編『債権法改正の基本方針』別冊 NBL 126号（2009年）150頁。

することは適当ではないと考えられたことに加え，効果の面では損害賠償請求を認めるべきであるとなった。こうしたことから，【3.2.8.09】〈2〉では，「役務受領者の義務違反によって役務を提供することが不可能となったときは，役務提供者は，約定の報酬から自己の債務を免れることによって得た利益を控除した額を請求することができる」と定められ，損害賠償請求権が定められた。自己の債務を免れることによって得た利益の規定が現行の償還から控除に変わっているが，義務違反を要件としたうえで，反対給付である賃金請求などの成立が認められるのは妥当でないとして，損害賠償請求権が認められるという提案をしたのである。

(2) 当初の提案

民法536条2項に相応する規定は，こうした提案を参考にして，法制審においても，当初は，役務提供契約の規律として提案がなされていた。しかし，2011年に出された中間的な論点整理の段階では，役務提供契約の受皿規定との整合性を意識しつつも，雇用の規律として報酬請求権を認める規定を設けることが提案された。その際に意識されたことは，基本方針と比べると，役務提供契約の規律として定めることと損害賠償請求権を定めることは放棄されたが，帰責事由の要件は多義的であるとして，①「使用者の義務違反によって」，または②「使用者側に起因する事由によって」を要件とすることが提案されたのである。

しかし，この提案された要件については，具体的な内容がわかりにくいとの指摘や，従来の判例実務の判断基準を変えないという点から疑問が提示された。まず①の「義務違反」という概念を用いる提案については，現在の判例実務では認められていない労働者の就労請求権を容認することにつながるのではないかということ，別の言い方をすれば，使用者の労務の受領義務を認めることに

---

2) 民法（債権法）改正検討委員会編『詳解債権法改正の基本方針V各種の契約(2)』（商事法務，2010年）28頁。

3) 法制審議会・民法（債権関係）部会「民法（債権関係）の改正に関する中間的な論点整理」（2011年）第51の2。

4) 村中孝史＝坂井岳夫「民法536条2項」土田道夫編『債権法改正と労働法』（商事法務，2012年）156頁。

シンポジウム（報告⑤）

つながりかねないという懸念が示されたのである。もし，就労請求権を認める
ものではないとしても，従来の判例実務と異なり，解雇が無効となり，地位の
確認が認められたとしても，受領義務の違反はないとして，賃金請求権が否定
されるおそれがあるのではないかという疑問も提示された[6]。ただし，こうした
見解に対しては，義務違反は受領義務だけでなく協力義務を含む広い概念であ
り，受領義務の有無と受領強制の可否（就労請求権の有無）は別の問題であると
の反論もなされていた。

　また，②「使用者側に起因する事由」という提案は，義務違反よりもその対
象範囲が拡大することを意識した提案である。ただし，労基法26条の「使用者
の責に帰すべき事由」は使用者に起因する事由と同義と解釈されていたため，
労基法26条との整合性が問われるという意見が出されていた[7]。

(3)　中間試案

　このようなかたちで議論が続けられ，しばらくの間は義務違反という要件を
提案する見解が有力であったが，2013年に出された中間試案では，次のような
案が雇用に関する規律として提案された[8]。

　まず(1)において，労働者が労務を中途で履行することができなくなった場合
には，労働者は，既にした履行の割合に応じて報酬を請求することができるも
のとする，という提案がなされた。ただし，※印で，この(1)については規定を
設けないという考え方があることも明記された。

---

5)　読売新聞社事件・東京高決昭33・8・2労民集9巻5号831頁は，「労働者の就労請求権
　　について労働契約等に特別の定めがある場合又は業務の性質上労働者が労務の提供について
　　特別の合理的な利益を有する場合を除いて，一般的には労働者は就労請求権を有するもので
　　ない」と判示した。

6)　水口洋介「労働法から見た民法（債権関係）改正について──労働者側弁護士から見て」
　　季労229号（2010年）38頁，和田一郎「使用者側から見た民法改正と労働法」季労229号
　　（2010年）60頁，杉本好央「民法改正論における賃金債権と危険負担」労旬1728号（2010年）
　　13頁，唐津博「民法改正案（時効・受領強制・危険負担）と労働法上の課題」法律時報82巻
　　11号（2010年）43頁。

7)　村中＝坂井・前掲4)書165頁。

8)　法制審議会・民法（債権関係）部会「民法（債権関係）の改正に関する中間試案」（2013
　　年）第42の1。

また(2)においては，労働者が労務を履行することができなくなった場合であっても，それが契約の趣旨に照らして使用者の責めに帰すべき事由によるものであるときは，労働者は反対給付を請求することができるものとする。この場合において，自己の債務を免れたことによって利益を得たときは，これを使用者に償還しなければならないものとする，と現民法536条2項に類似する提案が雇用において提案された。

以下では，この中間試案をどう評価するかについて論じてみたい。

2　検　討

(1)　意　義

まず，中間試案では，判例等で認められてきた内容を基本的に維持する提案がなされている。具体的には，基本方針などにおいては，損害賠償請求権を付与するという提案がなされたが，中間試案においては，使用者に帰責事由があれば，労務の履行がなくとも反対給付である賃金請求権が認められるということが明記された。これは，現民法536条2項のような反対給付を受ける権利を有しないという表現よりも，賃金請求権が成立することについて明瞭な定め方をしただけでなく，双務契約の一方の債務が履行不能になった場合に反対債務が消滅しないことは矛盾するため，雇用については報酬請求権を発生させる新たな規定を設けたことを意味する。

また，要件については，使用者の義務違反とすることが強く提案されていたが，中間試案では使用者の責めに帰すべき事由になった。従来の判例実務で認められ，特に異論が示されてこなかった判断枠組については維持するという法制審の態度に従った提案であると考えられる。ただし，使用者の責めに帰すべき事由という要件についていえば，他の幾つかの債権法改正の提案でも問題になってきた文言であるが，「契約の趣旨に照らして」という文言が付いている。

さらに，(1)の規定は，中途履行した場合に履行の割合に応じて受任者の報酬を認める委任に関する民法648条3項を参考にした規定を設けたものである。労働者が途中まで履行したにもかかわらず，使用者が報酬を一切支払わないことがあったことを考えれば，(1)の規定を設けることも一定の意義を有する余地

シンポジウム（報告⑤）

もあると考えられている。

(2)　ドイツ民法典との比較

　このように，一方で，日本の判例実務を変えないというスタンスにたつ限り，民法536条2項の要件を維持し，精緻化するという方法をとったことは評価できるとしても，他方で，理論的な面からみてなお検討を要する点はないのだろうか。

　ドイツ民法典と比較して考えてみれば，ドイツでは，もともと雇用に特化した規定がドイツ民法615条におかれ，いわゆる領域説に基づき使用者に受領遅滞がある場合には賃金を請求できると定められた[9]。また，それに加え，危険を負担すべき領域で生じた事由により，労働者が労務を履行できなくなった場合，不能は使用者が負うべきリスクであるとする考え方に基づき経営危険論が判例法理として発展し，2002年から施行されたドイツの改正民法典にはこの経営危険論が615条3文として立法化された。日本でも，労働力説とともに，不就労の原因が使用者の支配領域にある場合にはこれを受領不能（受領遅滞）と評価する領域説が主張されたが[10]，これもドイツの理論の影響である。ただし，日本とドイツでは少し立法状況が異なり，日本民法では給付が不能となったときに受領遅滞は生じないとの規定（ドイツ民法297条）はない。いわゆる，ドイツ民法615条1文は，危険負担の一般的規定の特則として定められ，履行不能として処理することが適切ではなく，また，損害賠償責任を帰結する一般の受領遅滞とは異なり，その反対給付である賃金請求権を認める規定として定められたのである。このように考えてみると，ドイツの領域説は，当事者の責めに帰すことができない不能が生じることを前提として，不能に先立って受領遅滞を認めることに意味があったといえる。これに対し，日本では，労働力説とともに，不就労の原因が使用者の支配領域にある場合にはこれを受領不能（受領遅滞）

9）　ドイツの状況については，下井隆史『労働契約法の理論』（有斐閣，1985年）213頁，根本到「労働契約における危険負担法理の法的課題」山田省三＝石井保雄編『（角田邦重先生古稀記念）労働者人格権の研究　上巻』（信山社，2011年）348頁。

10）　片岡曻『団結と労働契約の研究』（有斐閣，1959年）230頁，本多淳亮「労働契約と賃金」季労25号（1957年）92頁，蓼沼謙一「スト不参加者の賃金請求権」季労52号（1964年）21頁など。

と評価する領域説[11]が主張されてきたが，絶対的定期行為である労務給付について受領遅滞が生じると解することは妥当ではなく[12]，また，受領遅滞の場合に賃金請求権が発生する根拠が明確でないといった問題点が指摘されていた。このように，日本で領域説を主張するとしても，ドイツとは少し状況が異なることをみておかなければならないのである。

　ただし，ドイツと日本の法状況を比較すると，ドイツの領域説や経営危険論で取りあげられる事由が，日本では，民法536条2項の対象でないと判断されたとしても，労基法26条の対象となる。労基法26条は，使用者が平均賃金の少なくとも6割分を負担するとしているが，過失責任主義に基づく民法の危険負担制度と比較した場合，労働者の生活保障も考慮して，労基法26条の「使用者の責に帰すべき事由」は「債権者の責めに帰すべき事由」よりも広く，使用者側に起因する経営，管理上の障害を含むとノースウエスト航空事件などの判例[13]で解されている。したがって，ドイツの経営危険論のような問題は，日本では労基法26条で補われてきたと考えられる。また，日本の判例実務においては，解雇が無効になった場合には，民法536条2項と労基法26条の双方の条文が適用されるが，他の職について利益を得たときにこの分が償還されることを規定した536条2項後段の規定との関係で，労基法26条で強行的に保障された平均賃金の6割部分については償還の対象とならず，平均賃金の4割部分からしか償還できないと解されている。このように考えると，民法536条2項の適用範囲を考えるうえでも，労基法26条の定め方が重要な意味をもつといえるのである。

　(3)　法的課題

　さいごに，中間試案の課題について指摘する。第一に，①従来の「債権者の責めに帰すべき事由」という要件から，「使用者の責めに帰すべき事由」とい

---

11)　柚木馨（高木多喜男補訂）『判例債権法演習〔補訂版〕』（有斐閣，1971年）157頁，松坂佐一『民法提要　債権総論〔第4版〕』（有斐閣，1982年）139頁，於保不二雄『債権総論〔新版〕』（有斐閣，1972年）118頁。

12)　奥田昌道「受領遅滞と危険負担——雇傭ないし労働契約の場合を中心にして」法学論叢94巻5＝6号203頁。

13)　ノースウエスト航空事件・最二小判昭62・7・17民集41巻5号1283頁。

シンポジウム（報告⑤）

う要件に改正されれば，むしろ民法の規定と重畳的に適用される労基法26条の
「使用者の責に帰すべき事由」と文言上はほぼ同一の内容となる。ただし，両
者の要件に差が生ずるとしてきた判例，通説の考え方を立法上明確にする必要
が出てくるだろう。先述のノースウエスト航空事件は，労基法26条の「使用者
の責に帰すべき事由」は，民法の「債権者の責めに帰すべき事由」よりも広く，
使用者側に起因する経営，管理上の障害を含むと解してきたから，まずは労基
法26条の「使用者の責に帰すべき事由」の方を改正することを検討すべきだろ
う。具体的には，「企業経営者として不可抗力を主張することのできない一切
の事由」という文言などをその要件とすることが考えられる。

　第二に，反対給付である賃金請求権を肯定する場合の要件となる，「契約の
趣旨に照らして使用者の責めに帰すべき事由によるものであるとき」の意義で
ある。まず，「契約の趣旨に照らして」という文言が加わることによって，従
来，要件の充足が認められてきた事案でも否定することがありうるかもしれな
い。したがって，「契約の趣旨に照らして」という文言の意義は明瞭ではなく，
削除するのが妥当である。また，現民法536条2項の帰責事由は，「債権者の故
意・過失または信義則上これと同視すべき事由」と解されてきたが，過失責任
主義はレトリックとして用いられているに過ぎず，過失責任主義と同義のもの
として判断されてきたのではないと言われることもあった。この点についてい
えば，次のような課題を指摘できる。

　まず一つには，この要件が雇用に関するルールとして定められるのであれば，
雇用で生じる具体的問題を意識して定めることを検討すべきである。具体的に
は，民法536条2項の適用が認められる典型的な例として解雇が無効になる場
合が想起されるが，これを「使用者が無効となった解雇の意思表示を行ったこ
とにより労務の受領を拒絶した場合など」として明示して規定するのである。
これに対し，解雇の場合以外には，経営障害型，部分スト・一部スト型，また
ロックアウトのような事案が考えられる。しかし，ロックアウトのケースは労
働法的な考察方法をとることに加え，経営障害型や部分スト・一部スト型では，
債権者の責めに帰すべき事由を否定する裁判例が多いことを考えれば，明示す
るのは妥当ではないだろう。このように考えると，少なくとも解雇無効のよう

な事案に限って，それを文言として定めるのが妥当である。

　また二つには，「義務違反」を要件とすることは，従来の要件よりも狭く解されるおそれがあるため賛成できないが，「使用者の責めに帰すべき事由」という文言を使用するとしても，過失責任主義に過度に縛られるおそれがある。この要件の意義は，使用者の故意・過失または信義則上それと同視すべき事由と理解されてきたが，労使のいずれに危険を負担させるのが公平かという観点を考慮したものであるから，「故意・過失」だけでなく「信義則上同視すべく事由」も取りあげられるような要件とすべきであろう。この点，山川隆一会員が法制審の幹事として提案されていた案であるが，「使用者に生じた合理的とは言えない事由」などの文言が検討に値すると考える。山川会員は，「使用者としては，労務の受領を拒否したことについて自己の責めに帰すべきものであることを否定するためには，そこに合理的な理由があること等……を主張・立証しなければならない」と述べたエスエイロジテム事件を参考にして，労働者が適法に履行の提供をしたにもかかわらず，使用者が受領を拒絶した場合には，要件が充足され，使用者はその抗弁として，受領を拒絶したことに合理的な理由などの事由があることを主張，立証することになると説明したが，この問題の構造を的確に示している。

　さらに，(1)の提案の妥当性も問題となる。これは，賞与の支給日在籍要件に影響を及ぼす可能性を有している。中間試案の補足説明によれば，賞与と報酬の違いで説明できると記されているが，報酬概念は，賞与を排除できるほど明確な概念内容ではない。したがって，この提案は，任意規定と考えられているため，いずれにしろこうした判例は維持されるであろうが，(1)の改正が実現すれば，賞与の支給日在籍要件などに関して新たな議論が発生することも考えられる。(1)の提案は，立法に新たな規定を設けることで新たな問題を引き起こす

---

14)　法制審に提出された，山川隆一「労働契約における民法536条2項の適用と要件の整理（資料）」(2012年9月18日)。

15)　東京地判平12・9・25労判796号49頁。

16)　大和銀行事件・最一小判昭57・10・7労判399号11頁など。

17)　商事法務編『民法（債権関係）の改正に関する中間試案の補足説明』(2013年) 505頁。

シンポジウム（報告⑤）

可能性があるため，規定を設けない方が妥当であるだろう。

Ⅱ　役務提供契約と準委任

つぎに，中間試案では，役務提供契約という典型契約を設けることを止める一方で，準委任の規律内容を変える提案を行っている。この点は，労働法だけにとどまらない多くの論点を秘めた問題であるが，労働法の観点から，役務提供契約を設けないことの妥当性や準委任に関する提案の相当性について検討を加えてみたい。

1　準委任に代わる役務提供契約の提案

(1)　基本方針

まずは，役務提供契約が提案されてきた事情を探るため，基本方針や法制審の中間的な論点整理においてどのように位置づけられてきたかをふり返っておくことにしたい。

まず，基本方針であるが，現民法の起草者は，役務提供契約は，労務の成果に対して対価を支払う請負か，労務そのものを目的とする雇用のいずれかに分類されると考えていた。しかし，その後，第二次大戦後の学説において，労基法で労働契約の語が使用されるようになり，とくに民法学においては我妻説によって，使用従属性を要素として雇用に取り込むようになった。その結果，請負でも雇用でもない役務提供契約が存在することになり，契約類型の欠缺が生じたのである。そこで，そのような欠缺を埋めるために主張されたのが，準委任である。準委任は，委任と同様の扱いをすると定められているが，広く役務提供型の契約の受け皿になっていると考える見方が学説，判例の共通理解だとされた。[20]

---

18)　民法（債権法）改正検討委員会編・前掲注1）書3頁。

19)　我妻栄『債権各論・中Ⅱ』（岩波書店，1962年）541頁。

20)　「委任の規律は，他の諸契約を規律する法律上の規定に服しない労務給付にも適用される」と定められたスイス債務法394条2項に範を得て，我妻説（我妻・前掲注19)書667頁）が提唱した解釈論といわれる。

しかし，このように広い範囲を準委任と構成することには問題点も指摘された。例えば，大学と学生との間の在学契約を「有償双務契約としての性質を有する私法上の無名契約」と性質決定して，委任の規定を回避することによって妥当な結論を導こうとする判例が一つの例である。このように，役務提供契約の重要性が高まってきた中で，これを無名契約として処理するのが適当だとはいえなくなった。そこで設けられたのが，役務提供契約の一般的規律である。役務提供契約とは，雇用，請負，委任，寄託を包摂する典型契約類型であり，基本方針は，この役務提供契約の総則規定に関して一定の提案を行った。

(2) 法制審での議論

このような提案を受けて，法制審でも，準委任に代わる役務提供契約の規定を設ける提案がなされた。まず，その編成方式については，【甲案】では，雇用，請負，委任，寄託及び役務提供契約に関する規定を並列して配置する，とされた。また，【乙案】では，役務提供契約に関する規定を役務提供型の契約に共通して適用される規定と位置づけ，雇用，請負，委任及び寄託に関する部分には，役務提供契約に関する規定を修正する規定や，役務提供契約に関する規定が扱っていない事項に関する規定のみを置くものとする，とされた。

また，役務提供契約の規律については，役務提供者の善管注意義務や報酬に関する規律を定め，報酬の規律については成果完成型と履行割合型で分けることなどが提示された。ただし，報酬の後払の原則が定められつつも，任意規定であることが定められた。さらに，解除に関する規律や役務受領者について破産手続が開始した場合の規律である。例えば，これまでの準委任の規定では，委任の規定がそのまま妥当するとなっていた。しかし，中間的な論点整理（第50の5）においては，「役務受領者による任意解除権を認めるかどうかについて……役務提供者が不測の損害を受けるおそれ，役務提供者が弱い立場にある場合の役務受領者による優越的地位を利用した解除権濫用のおそれなどにも留意しながら，更に検討してはどうか」といった検討課題が提示された。相手方から指図を受けて自ら役務を提供する契約において，契約当事者の交渉力に格

---

21) 最判平18・11・27民集60巻9号3437頁。

シンポジウム（報告⑤）

差がみられた場合，相手方に無制限の任意解除権を与えれば，役務提供者は契約内容の一方的不利益変更を甘受しなければならないこともでてくるからである。ただし，こうした多様性を的確に捉えることの困難性を指摘する反批判もでていた。

　なお，このように，雇用のほかにも，役務提供者が役務受領者に対して従属的な立場にあることがあり，役務提供者を保護する方法に関心が集められた。その具体的な方法としては，以下のような方法があるとされた。第一に，雇用の概念を広く捉える方法，第二に，雇用に準ずる役務提供型契約について別途規定を設けるという方法，第三に，雇用に準ずる役務提供型契約については新たに設ける役務提供型契約の適用を除外し，必要に応じて，雇用，労働契約法等の規定を準用する方法，第四に，役務提供に関する規律をそもそも設けない方法，第五に，労働契約法16条等の規定を類推適用する方法，第六に，役務提供型の契約全てに適用される総則的規定としてではなく，雇用類似のものを含まないような形で定義された契約類型を設ける方法である。このうち，法制審は当初，役務提供契約の規律を設ける提案していたが，今年出された中間試案においては，役務提供契約の規律を設けることそれ自体が排除され，準委任の規定に委ねるが，準委任の規定をこうした問題意識を受け継ぎ，修正する提案が行われた。それが次の提案である。

2　中間試案の内容

　第41の6（準委任（民法第656条関係））の提案であるが，まず，(1)民法第656条の規律を維持した上で，次のように付け加えるものとするとされた。

　法律行為でない事務の委託であって，[受任者の選択に当たって，知識，経験，技能その他の当該受任者の属性が主要な考慮要素になっていると認められるもの以外のもの]については，前記1（自己執行義務），民法第651条，第653条（委任者が破産手続開始の決定を受けた場合に関する部分を除く。）を準用しないものとする。

　(2)上記(1)の準委任の終了について，次の規定を設けるものとする。

　ア　当事者が準委任の期間を定めなかったときは，各当事者は，いつでも解

約の申入れをすることができる。この場合において，準委任契約は，解約
の申入れの日から［2週間］を経過することによって終了する。

イ　当事者が準委任の期間を定めた場合であっても，やむを得ない事由があ
るときは，各当事者は，直ちに契約の解除をすることができる。この場合
において，その事由が当事者の一方の過失によって生じたものであるとき
は，相手方に対して損害賠償の責任を負う。

ウ　無償の準委任においては，受任者は，いつでも契約の解除をすることが
できる。ただし，(注)として，民法第656条の現状を維持するという考え
方があるとも定められた。

この提案は，現民法656条の「法律行為でない事務の委託」という文言を維
持した上で，準委任を，①受任者の選択に当たって，知識，経験，技能その他
の当該受任者の属性が主要な考慮要素になっているものと，②それ以外のもの
に区別し，②の有償の準委任については，雇用と同じ規律とすることが含意さ
れている。

準委任の中には，有償で労務を供給する受任者であるが，労基法上または労
働契約法上の労働者と認められないものもあると考えられるため，準委任に即
時解除権を含む委任の全ての規定を準用する現民法656条とは異なる規律を与
えようとしたものだということである。

3　検　討

(1)　役務提供契約の妥当性

そこで，この提案については，二つの点について述べなければならない。ま
ず，第一に，役務提供契約の規律を設けないことの妥当性である。

雇用，請負，委任，寄託以外にも役務提供型の契約類型が存在することは事
実であり，役務提供契約の典型契約を設けることについては，積極的な支持も
表明されてきた。しかし，役務提供契約という新たな典型契約類型を定めた場
合，契約当事者に交渉力の格差が存在することもあり，報酬や解除などについ
て共通ルールを設けたとしても，当事者間のリスクが適正に配分されず，契約
の公平性が損なわれるおそれがあることは否定できない。こうしてみると，役

シンポジウム（報告⑤）

務提供契約を定めるとしても，契約の公平性に配慮した規定がおかれるべきで
あり，少なくとも今回提案されていた役務提供契約の総則規定は，こうした配
慮が十分ではなかったように感じられる。したがって，労働法の観点からみた
場合，役務提供契約の総則規定化は有用な点を見いだせなかったといわざるを
えない。

(2) 準委任の内容

つぎに，先に挙げた中間試案の準委任についての提案をどのように評価する
かである。

委任の規定とは異なる規律が与えられており，現民法656条よりは評価でき
る。ただし，幾つか課題も存在する。まず，2013年中間試案で識別基準とされ
ている「受任者の選択に当たって，知識，経験，技能その他の当該受任者の属
性が主要な考慮要素になっているもの」は，客観的に識別可能といえるのかと
いう点である。この識別は困難であり，実務を分別する基準としては，妥当で
ないと考えられる。[22]

また，委任の即時解除規定は，いずれか一方の委任終了の意思表示と同時に
代理権を消滅させるために必要な規定ではあるが，法律行為を行わないことを
対象とする準委任の規定に妥当させる必要性は大きいとはいえない。このよう
に考えると，第一に，①受任者の選択に当たって，知識，経験，技能その他の
当該受任者の属性が主要な考慮要素になっているものと，②それ以外のものを
区別しているが，これが有償の自然人である場合，いずれも生活保障のために
契約の解除から保護されるべきだといいうるのであり，有償の準委任の終了全
般に対して，全て雇用の規律が妥当するという提案も可能かもしれない。

第二に，より一層保護対象を明確にし，経済的従属関係の下で行われる有償
の役務提供を対象とする契約（いわば労働者類似の契約）については，全て雇用
と同じ規律が妥当するようにするべきではないかという提案も考えられる。こ
こで指摘した雇用と同じ規律とは，民法627条や628条が妥当するだけではなく，
労契法16条や17条などが適用または類推適用されることを意味している。ただ

---

22) 川口美貴「民法（債権関係）改正の『中間試案』と労働法学の課題」労旬1792号（2013
年）4頁。

し，格差の観点からこのような保護をすることについては実質的には正当化されるかもしれないが，経済的従属関係にあるということだけで，雇用と同様の規律とすることについては，その法的根拠も問題となる面もあるだろう。

　なお，雇用と準委任の関係については，雇用と労働契約の関係について，民法制定時の議論を参考にして，非従属的関係を含んだものとして雇用を広く定義する，鎌田会員などが主張する現代的峻別説[23]が唱えられていることにも注意する必要があるかもしれない。ただし，現代の裁判例は，労働者性について現代的峻別説をとっておらず，そうなるとひとまず有償の準委任全般または経済的従属関係にあるものだけでも，雇用類似のものとして，雇用の規律を及ぼすことを検討するべきであるだろう。

（ねもと　いたる）

---

23)　鎌田耕一「雇用，労働契約と役務提供契約」法律時報82巻11号（2010年）15頁。また，鎌田説の意義などの分析については，水町勇一郎「民法623条」土田道夫編『債権法改正と労働法』（商事法務，2012年）10頁参照。

〈コメント〉「債権法改正と労働法」

大 村 敦 志

（東京大学）

I 議論の現況

1 中間試案までの経緯と今後の見通し

民法の債権関係部分（実質的な意味での契約法部分）については，2006年ごろから本格的な検討が始まったが，2008年から09年にかけて，複数の研究グループから立法提案がなされた。なかでも，民法（債権法）改正検討委員会がまとめた「債権法改正の基本方針」が引用・検討されることが多い。しかしこれは，あくまでも複数の案の一つに過ぎない。

その後，2009年秋に法制審議会に民法（債権関係）部会が設置され，審議が行われてきた。いわゆる論点整理を経て，今年の春には中間試案が取りまとめられた。このあと半年から1年ぐらいで要綱案のとりまとめに至るのが一般的な民法改正のプロセスだが，今回は対象範囲も広いので，通常の改正よりは少し長い時間を要することになりそうである。具体的には，途中で要綱仮案が作成されることが予定されている。

このように，改正作業はまだ終わったわけではない。それにしても，審議はすでに4年にわたっており，法制審が始まった時に比べると，かなりの程度まで内容は固まってきたといえる。労働法学会では2009年に「民法の現代化と労働法」というシンポジウムを開催されているが，その時に比べると，より具体的な議論ができるようになってきている。ただし，審議の現状を見ると，要綱仮案に向けての作業中に，通常の改正に比べるとより大きな修正がなされる可能性が残されているように思われる。

2 対応の仕方──「黒船」の到来？

この間,「債権法改正と労働法」という問題は,どのように議論されてきたのだろうか。労働法学界では,債権法改正の議論は「黒船」のようなものだと言われていると聞くが,この4年間の議論を経て,「黒船」の実像は明らかになりつつあるように思う。

まず,民法学界の側から見ると,確かに船は出航した。そして,商取引法や消費者契約法に対しては,ある意味では「開国」を迫ったといえるかもしれない。しかし,労働法に関しては,少なくとも主観的には,積極的にはこれに干渉しないという姿勢がとられていたと思われる。

もちろん,雇用契約は重要な契約類型なので,少なくともその一部を民法典に取り込むということは十分に考えられる。しかし,そのように考えていくと,借地借家法や利息制限法は取り込まなくてもよいのか,というやっかいな問題に遭遇することになる。こうした問題も睨みつつ,契約各則のレベルでの特別法を無理に取り込むことはしない,というのが暗黙の了解だったように思う。

とはいえ,意識するとせざるとにかかわらず,債権法改正が労働法と無関係なわけではないことは言うまでもない。雇用の規定そのものに関する修正もさることながら,契約の成立,約款規制,危険負担など契約総則レベルの規律,あるいは,継続的契約,役務提供契約など,総則・各則の中間のレベル(「中二階的」と呼ばれた)の規律が,労働法に有形無形の影響を及ぼしうるからである。この点は,野田教授が報告の冒頭で指摘され,その後に各報告者がそれぞれに言及された通りである。

もっとも実際には,その影響は,当初,労働界や労働法学界が心配したほど大きくはなかった。あるいは,懸念が表明されたから,影響が及ばないような対策が講じられたと言った方がよいかもしれない。たとえば,約款規制に関しては,不意打ち条項規制や内容規制が及ぶ「約款」の範囲を限定する文言が置かれており,これらの規律は,就業規則に直接には及ばないという考え方が示唆されている。また,鳴り物入りで登場した役務提供契約も,結局は,準委任という類型に若干の手直しを加える,という最も穏当な改正がなされるにとどまりそうである。

シンポジウム（報告⑥）

改正作業はまだ終わってはいないが，細部は別にして大きく見れば，多くの労働法学者の方々は，「泰山鳴動」という印象を持たれているかもしれない。その上で，なお，残された課題があるのではないか，というのが，本日のシンポジウムに通底する一つの視点であると受け止めている。

Ⅱ　本日の報告の感想

1　全体の印象

「債権法改正と労働法」という観点からの検討は，前述の学会シンポジウムのほかにも，いくつかの形ですでに試みられている。たとえば，和田教授ほか7人の論文を収めた『法律時報』の2010年11号の「特集・民法（債権法）改正と労働法」や，土田教授編で2012年8月に刊行された『債権法改正と労働法』などがその代表例であろう。そこには，具体的な問題に関する関心と，より総論的・方法的な関心とが含まれていることが看取される。この点は，今回のシンポジウムについても同様である。

しかし，今回は，「泰山鳴動」の後で，ということで，総論的・方法的な関心がやや強まっているように感じられた。これは，総論を担当した野田報告やいわば中二階的な位置に立つ野川報告だけでなく，各論から出発している新屋敷・武川・根本の各報告についても当てはまることであろう。

そこで，以下の私のコメントにおいても，個別の問題——約款規制あるいは危険負担や雇用契約の終了に関するルールそのもの——には立ち入らず，五つの報告から立ち現れる「債権法改正と労働法」の「と」の部分についての認識・観点，言い変えれば「と」の部分の議論の仕方に注目することとしたい。換言すれば，債権法（民法）と労働法との接続面における解釈・研究のあり方に重点を置くことになる。具体的な話の運びとしては，まず「個別問題からのアプローチ」として，各論の四つの報告，すなわち武井報告・根本報告・野川報告・新屋敷報告を二つの観点で対比しつつ，これらの報告に簡単にコメントし（2），続いて，「全体構造からのアプローチ」ということで，総論の野田報告と「中二階」にあたる野川報告にコメントする（3）。最後に，民法学者と

90　日本労働法学会誌123号（2014.5）

〈コメント〉「債権法改正と労働法」（大村）

しての私が五つの報告をどう受け止めたかについて一言する（4）。

2　個別問題からのアプローチ

(1)　谷間と落差，または欠缺と重複

四つの各論報告のうち，根本報告・新屋敷報告は，債権法と労働法の谷間（あるいは両者の間の欠缺部分）にかかわる。

まず，根本報告は，労働契約にはあたらないが，労働契約に準ずる規律を要する契約をどう扱うかという問題につき，中間試案の準委任構成の適否を検討する。そこには，この欠缺部分を民法が埋めることになるだろうという前提があるように思われる。しかし，それとは異なる議論（準委任契約にあたる契約で労働契約に準ずるものについては，その規律は別途考えるという議論）も，不可能ではなかろう。この点は野川報告の提示する見方ともかかわる。

次に，新屋敷報告は，労働契約の成立に関しては，申込みと承諾の合致に尽きない問題があるという認識から出発する。その際に，同様の問題が民法においてすでに意識されており，今回の改正にあたって規定の増補が試みられたが実現しなかったことが指摘されている。もっとも，明文の規定が置かれなくとも，指摘されるような議論は確かに存在している。それは，過去2，30年，民法学では盛んに議論がなされてきた問題の一つである。

他方，武井報告・野川報告は，債権法と労働法の落差（あるいは両者間の重複）にかかわる。武井報告は，継続的契約による解除制限のルールと労働法上の解除制限ルールとを対比し，場合によっては前者が労働者にとってより有利になりうることを指摘する。野川報告もまた，約款の変更と就業規則の変更とを比べて，前者の規律が労働者にとて有利になりうることを示す。武井報告も野川報告も，民法上の一般ルールが労働法上の特別ルールを排除するとは考えていないが，野川報告はその先のことを考えようとしている。

(2)　アウェイとホーム，または他領域と自領域

別の観点から，四つの報告を見ると，今度は，武井報告と根本報告，野川報告・新屋敷報告がセットになる。武井報告・根本報告は，民法の規定そのものに着眼して，その内容を検討しているのに対して，野川報告・新屋敷報告は，

日本労働法学会誌123号（2014.5）　91

民法の規律を参照しつつも，労働法の解釈がどうなるかを考えているからである。

　後者の議論は労働法学者にとってはホームの議論であり，アウェイの民法学者としては容喙しにくい。そうした問題は労働法学者の議論に委ねればよいという気分にもなる。これに対して，前者の議論は，労働法学者にとってはアウェイの議論になるが，民法学者にとってはホームでの議論なので，より真剣にならざるを得ない。たとえば，武井報告が指摘する落差は，継続的契約に関するルールが賃貸借のルールを出発点に構想されていることによると思われるので，役務型の契約にそのまま妥当するかは気になるところである。また，根本報告の言及する「従属性」への考慮を，総則レベルならば格別——やや文脈は異なるが，「格差契約」につき信義則を一般化する規定の可否が論じられている——，各則レベルで考慮に入れられるかが焦点となろう。

3　全体構造からのアプローチ

(1)　一般原則の構成

　各論の検討の中でも示唆したように，一方に，直接には民法が適用されない問題についても，民法が示唆する法理を労働法の中で展開すべきではないかという問題がある。他方，仮に，労働契約類似の契約に民法が適用されうるとして，労働法に特有の考慮が必要なことがあるのではないかという問題もある。野川報告が提示しているのは，まさにこの問題であろう。

　二つのうちの第一の問題は，野川報告で言えば，チャートの右側の流れに対応する。民法は適用されず労働法の明文の規定が適用されるとした場合に，「民法上の基本原則」（野田報告の用語でいえば，一般法理 principe général）を参照するか否かという問題になろう。第二の問題については，野川チャートで言えば，左側の流れの中で，特別な配慮をする立場が，明文の規定がなくとも民法の規定ではなく「労働法の基本原則」による立場であることになろう。

　こうして見ると，「基本原則」と呼ばれる規範は，確かに，一般法の適用を排除して当該法領域に固有の規範を構築する働きをする。しかし同時に，一般法における原則を導入するという形で，当該法領域における規範を構築する働

きをも果たすことが理解される。

　なお，野田報告が提示した法解釈に関するモデル（civiliste＝non prolabor 対 travailliste＝prolabor から civiliste＝théoricien 対 travailliste＝pragmatique への変遷を示す通時的モデル）も，実はこの点にかかわるようにも思われる。労働法固有の事情を勘案した基本原則が pragmatique と感じられるのに対して，一般法で生成し，必ずしも労働法を視野に入れていない基本原則は théoricien と感じられるのではないか。

　このあたりのこと，すなわち，基本原則の利用における二つの側面，あるいは，民法と労働法の基本原則の性質の異同については，野川教授のお考えを伺えればと思う。

(2) 法典の線引き

　最後に残っているのは，野田報告が提示するもう一つのモデル，すなわち法律編成上のモデル（同一説か峻別説か，統合説か分離規定説かをクロスさせた4類型を示す共時的モデル）である。このモデルはそれ自体が示唆に富んでいるが，これを参照しつつ，ここまでの議論を振り返ると，次のことが言えようか。

　第一に，同一説か峻別説かは，労働契約と雇用契約との関係に関する見解の対立であろうが，本日の各論報告で問題にされていたのは，主として，労働契約と労働契約類似の契約との関係であった。そして，少なくとも労働契約類似というとらえ方をする以上，労働契約に準じた処遇が必要であるという基本的な方向性については大きな意味での合意があるように思われる。

　そうであるとすると，規定をどこに置くにせよ，両者は労働法的な考え方によって規律されるべきことになる。仮に，民法典に規定が置かれるとしても，それは，労働法的な考え方を含んだ一般ルールであるか，労働法的な特殊性に配慮した特則でなければならず，そうでない場合には，労働法の基本原則による修正が必要になろう。

　第二に，そうだとすると，統合説を採るか分離規定説を採るかは法典間の線引きの問題に過ぎないことにもなりそうである。しかし，ここにはそれ以上の問題もある。民法と労働法とを関連付けておくことが望ましいのか，分離するのが望ましいのかという問題である。これは社会のあり方の根幹にかかわる。

シンポジウム（報告⑥）

この問題は難問である。類似の問題である民法と消費者法の関連については，私個人は，両者を関連付けることが望ましいと考えている。現代の消費が契約からスタートする以上，消費者契約を捨象して契約を考えることはできないからである。これに対して，労働契約は重要な契約には違いないが，これを切り離したからと言って，民法の契約理論が成り立たないわけではない。他方，民法が社会の構成原理たろうとするならば，「労働」を視野の外に置くのは適当ではないこともまた確かである。

労働に関するルールが労働法典にまとまっていることと民法典にも手がかりが置かれることの得失については，野田教授のお考えを伺いたいが，私自身は，ここでは最終的な答えは留保し，項を改めて，この問題を考える上での前提問題につき考えてみたい（Ⅲ）。

4　民法学への示唆

(1)　民法学の盲点

日本の民法学者（少なくとも私自身）は，労働法に対して十分な理解と関心を持っているとはいえない。契約法上の一般的な問題を考えるにあたっては，労働契約は暗黙のうちに捨象していることが多い。労働法は特別だから（特別ならば）特別な扱いをすればよい。どこかでそう思っている。しかし，債権法改正が始まってから本日のシンポジウムに至るまでの議論を振り返ってみると，主観的には抑制的な態度がとられているとしても，債権法改正が労働法に対して有形無形の影響を及ぼすことが，様々な形で指摘されてきた。「債権法改正と労働法」という問題が立てられることによって，（私を含む）多くの民法学者が，問題の所在に気づいたことの意味は小さくない。

(2)　労働法学の民法像

他方，一連の議論は，民法学者に対して「労働法学の民法像」とでもいうべきものを示したように思う。民法は，「自由」を志向し「規制」を極力排除しようとしている法であるとされることが多かった。確かに民法には指摘されるような面があるし，そのような傾向を色濃く帯びた見解もある。

しかし，80年代以降，日本の民法・民法学（特に契約法学）はずいぶん変化

〈コメント〉「債権法改正と労働法」（大村）

を見せてきた。一つの例をあげれば，民法90条の定める公序良俗違反は契約自由の原則の例外ではあるが，今日では，かなり広い範囲で認められるようになってきている。こうした最近の契約法理論は，労働契約にとっても有益なものを含むのではなかろうか。民法学の側としては，一般法のレベルでの契約理論の変革が，他の領域に伝わっていないことをどう考えるかを問われたことになる。

Ⅲ　今後の展望

すでに感想めいたことを述べているが，最後により一般的な形で感想を述べておきたい。

1　インターフェイスの必要性──研究教育上・立法上の連携へ

民法学が労働契約について及び腰である原因の一つは，研究教育上，民法学者が労働契約に触れることが少ないことに求められよう。この点は，消費者契約の場合と対照的である。もっとも，今後，消費者法の独立性が高まるならば，消費者契約についても同様の現象が生じるかもしれない。実際，講義の中で，消費者契約法に言及する民法学者は多いと思われるが，割賦販売法や特定商取引法に対する言及は次第に減りつつある。しかし，労働契約や消費者契約が契約法の一般理論にもたらすものは少なくないはずである。

他方，日常生活に即して言えば，現代社会において，労働契約が大きな意味を持っていることは改めて言うまでもない。労働契約に関する立法が民法の外で行われるとしても，民法と労働契約法の連携をはかっておくことは，民法学・労働法学の相互関心を確保するだけでなく，一般市民にとっても重要なことであるように思われる。労働法は専門化された法領域であるとともに，市民社会の重要な一部をなすという認識が不可欠だと考えるからである。

2　国際から学際へ──内部での進化とより大きな進化

今回の債権法改正は，世界的な趨勢の影響を受けていると言われることがあ

シンポジウム（報告⑥）

る。確かにそうした側面はないわけではない。しかし，「債権法改正と労働法」という問題設定からは，国際性ではなく学際性がクローズアップされることになる。具体的には，次のようなことが考えられる。

第一に，現代における立法の共通の特徴を認識する必要がある。労働契約法については，当初の案の一部のみしか実現されなかったことにつき，遺憾の意が表明されることがある。おそらくは，改正債権法についても，同様の事態が生じるであろう。様々な理由により，現代においては大胆な法改正は難しくなっているのである。そうだとすると，立法過程において示された改正案のうち時期尚早とされたものを，解釈によって育てていくことが重要になる。民法学と労働法学は協力して，そのための解釈方法論を展開する必要がある。

第二に，民法と労働法の間に存するギャップないし時差を認識する必要がある。一方が，他方の領域で展開されている法理を参照することによって，発展を遂げられる場合があるはずである。

（おおむら　あつし）

《シンポジウムの記録》
債権法改正と労働法

1 シンポジウムの趣旨等について

　石田眞（司会＝早稲田大学）　これから
シンポジウムに入ります。これまでの5本
の報告を踏まえ，質疑あるいは討論に入っ
ていきます。午後のコメント・質疑討論の
前半の部分の司会を，私，早稲田大学の石
田が担当いたします。

　シンポジウムに入る前に，司会として二
点ほど述べさせていただきます。

　一つ目は，本シンポジウムの趣旨にかか
わる点です。本シンポジウムが企画された
のは，実は2年前のことです。当時，本シ
ンポジウムの開催時点で債権法改正がどう
なるかは，確かなかたちでは見通せない状
況だったので，当初の企画案では，本シン
ポジウムの趣旨について，「開催時点にお
ける改正作業の進捗状況を踏まえ，債権法
改正の労働法への影響と意義を指摘し，労
働法学から見た労働契約法と法制の在り方
について検討し，理論を提示する」と述べ
られていました。

　しかし，本日の開催時点においては，既
に各報告にありますように，本年（2013
年）2月26日に，債権法改正を審議してい
る法制審議会民法（債権関係）部会におい
て，いわゆる中間試案が決定されているの
で，この中間試案を中心に，労働法学の立

場から債権法改正を議論します。もちろん，
それ以前の議論についても，必要に応じて
言及します。これが一点目です。

　二つ目は，シンポジウムの進行にかかわ
る点です。この質疑討論の部分の進行につ
いては，各報告を巡る議論の前に，民法学
から法制審議会の部会メンバーでいらっし
ゃいます東京大学の大村敦志先生からコメ
ント（大村敦志教授（東京大学）のコメン
トについては，別原稿を参照）をいただき
ます。

　そして，大村先生からコメントをいただ
いたのちに，そのコメントへのレスポンス
も含めて，フロアからの質問・意見を中心
に議論していきたいと思っています。

　なお，本日，（日本）労働法学会として
大村先生にお願いした趣旨は，労働法学か
らの検討へのコメントであり，大村先生は
報告者ではありませんので，大村先生への
質問はご遠慮ください。

　それでは，大村先生からのコメントをお
願いしたいと思います。大村先生，よろし
くお願いします。

　石田（司会）　大村先生，どうもあり
がとうございました。大変広い視野から非
常にエレガントなコメントをいただきまし
た。このあと，このエレガントさが続くか
どうかはわかりませんが，別にずっとエレ
ガントである必要はありませんので，激し

シンポジウムの記録

くやってもらいたいと思います。

2 民法と労働法の基本原則の異同

● 民法・労働法の基本原則の相違

石田（司会） それでは，質疑・討論に入りたいと思います。既にかなりの数の質問用紙が来ているので，その質問用紙をベースに，各報告について議論したいと思いますが，今の大村先生のコメントの中で，報告者について質問が出ています。順番からすると，野川会員への質問，野田会員への質問ということになっていますが，実は，大村先生は，民法あるいは債権法と労働法の関係をそれぞれどう考えるかという大変重要な問題を提起されました。

この関係については，それぞれ個別報告の中でも，さまざまなかたちで議論されていますし，のちの質問の中にも，結局は，それにつながるような質問があります。

したがって，最初に，大村先生の質問に対して，野川会員，野田会員から答えをいただきます。それで，頭が少しほぐれるのかどうかよくわかりませんが，それを出発点にして，個別の報告者に対する，さまざまな角度からの質問に移っていきたいと思います。

順番としては，まず，野川会員に対する大村先生からの質問です。野川会員に対する質問ですが，基本原則ないし一般法理と言われているものには，二つの役割があるということです。一つは，一般法の適用を排除して当該領域，つまり，労働法に固有の規範を構築する役割で，もう一つは，一般原則を導入するかたちで，当該法領域における規範を構築していく役割です。

その両方について，いろんなかたちで議論されてきたけれども，結局，基本原則の構築における労働法主義と民法主義のようなものがあるとすると，そういう二つの側面を，特に民法と労働法の基本原則の性質の異同という観点からどう考えておられるのかということです。

考えようによっては，とても難しい問題だとは思いますが，その辺りから議論を出発させたいと思いますので，野川会員，よろしくお願いします。

野川忍（明治大学） それでは，大村先生のコメントの答えになるかどうかわかりませんが，民法と労働法の基本原則の性質の異同，異なる面と同じ面との関係について話します。

ご承知のとおり，かつては，民法は，市民間の社会経済関係を規律する一般法で，合理的に思考し行動する，自由で平等な市民を想定した法規範を体系化しようとしたものであり，これに対して労働法は，資本主義経済体制のもとで従属労働を余儀なくされざるを得ないという労働者の置かれた現実に着目し，この現実に即して，市民法の私的所有権の保障，契約の自由，過失責任といった原理を修正するところに，その意義を見いだすものであるという区別がされてきました。

そこでは，個人主義的な自由主義に立脚する民法と，「憲法第25条」等に表された生存権理念や社会的公正を基盤とする労働法といった基本理念の相違が想定してお

り，さらに，その背景にはイデオロギー的な対立軸も存在していたものと思われます。

しかし，その後，民法は，実定法においても，また解釈論においても，先ほど大村先生が紹介されたとおり，大きな変貌を遂げています。消費者法や製造物責任法など，対等な市民間のルール設定という観点を超えた法令が続出しているのみならず，大村先生ご自身も提唱されている給付の均衡論，あるいは合意の構造化論に加え，基本権保護義務論，公序良俗論の再構成といった主張も有力に展開されるに至っており，広く言えば，正義の観点から私的自治に対して司法が介入する余地を拡大しつつあるように見えます。

他方で，労働法も，「憲法第25条」の生存権理念に加えて，個人の幸福追求権に基づく自己決定権の重要性が提唱されるなど，市民法との新たな関係が模索されており，民法に対する独自性のみが重視される状況ではなくなってきています。そして両者の接近は，それぞれの基本理念が，いわば私的自治の実質化という上位理念に包含される可能性を有しているように思われます。民法は，私的自治を担う市民の多様性に応じて，規範内容も多様化せざるを得なくなっています。また，労働法は，まさに雇用を巡る社会関係が，対等な市民間のルール設定という手法だけでは，私的自治の理念を実現し得ないという認識に立って，いわば雇用社会にも私的自治理念が実質化されるための仕組みを模索するようになっていると言えます。

このように，民法と労働法の接近が見られるということは，他方で，それぞれのアイデンティティーは何なのかということが改めて問われることになるだろうと思います。

私の報告において，中間試案で示されている諸規制が労働契約にどう反映するのかを検討する視角が，実は，ここにあります。

民法は，本質的な不均衡を特徴とする労働契約を市民法理念の本質的要素とは考えず，対等な市民間の自治こそが本質であって，消費者法や労働法も，その修正形態であるという位置づけをやめることはないだろうと思います。

他方，労働法は，これを従属労働という概念で表すか否かは別として，まさに労働契約の本質的な不均衡を土台として私的自治理念の修正を図るという姿勢を維持し続けるであろうと思います。

だとすると，民法の理念は，私的自治理念の修正が容認される範囲において，いわばそのような限界内において，労働法の解釈論に反映されることに帰結するでしょう。また，労働法の独自性は，労働契約の本質的不均衡という土台自体が否定されたり制約されるような場合に，これを抑制するかたちで発揮されるであろうと思います。

私の報告も，このような観点から，就業規則が労働契約を規律ないし補充する条件としての合理性判断には，中間試案において，いわば私的自治を実質化しようとして提供する約款規制の諸ルールが，今言った限りで反映されるべきだということを語ったということです。以上です。

石田（司会）　どうもありがとうござ

シンポジウムの記録

いました。今の問題をどう考えるかについては，野川会員のご報告の約款規制にかかわるところで，もう少し立ち入ってまた議論できればと思います。

3 民法典と労働法の関係

石田（司会）　大村先生の質問の二つ目は，野田会員の報告に対するものです。質問のポイントは，労働に関するルールが労働法典にまとまっているということと，民法典にも手掛かりがあることのメリット・デメリットをどう考えるかということで，これも民法と労働法の関係にかかわることです。

その前提として，野田会員の非常に多彩で華麗な報告の中で主張されていたのは，主として労働契約と労働契約に類似の契約との関係であって，どこに基点を置くにしても，結局は労働法的な考え方によって規律されることにならざるを得ないのかもしれないということです。

そうだとすると，民法あるいは債権法をどう関連づけることになるのかということだと思います。これについて野田会員から答えをいただければと思います。どうぞよろしくお願いします。

野田進（九州大学）　質問ありがとうございます。今，司会の石田会員から質問をある程度解説していただいたので，かなりの答えをもういただいているようなものですけれども，ご質問の本質は，労働契約と雇用契約の関係性です。

でも，これについてどの説を採っても，

何らかの労働者類似の人たちについて，その線引きをどこにするかはともかくとして，労働法の中に取り込もうという点では，大きな違いはありません。そのうえで，さらに統合説と分離規定説を論じるポイントは何か，特質は何かという質問であったかと思います。

二点くらい考えました。一つは，大村先生もご指摘のように，ある意味では法典間の線引きの問題にすぎないので，比較法的に見ても，政策とか偶然によって引き起こされている可能性があります。

例えば，詳しくは知りませんけれども，イタリアでは，民法の中に労働法の規定が，労働条件のものを含めてかなり入り込んでいると聞きますし，ドイツでは，先ほどから報告しましたように，一定の方針で労働契約の一定の規定が含まれています。

一方で，フランス民法典には，19世紀（1804年）にできた「役務は，時間によって，又は特定の事業についてでなければ，約することができない」という規定と，1890年の契約の解除に関する規定を定めた，契約法としての労働契約規整の尾てい骨みたいな規定が一つあるだけで（1780条），それ以外には，全くありません。項目だけは残されていますが。

このように，各労働法の発展の中で，さまざまな事情で形成されてきたものですから，原理的にどちらでなければならないというものではないかもしれません。

そういう意味では，少しエレガントではないことを言うと，いつまでも民法の中に労働法，労働契約の規定がたくさん入って

いると，民法は法務省の管轄でこれまで100年以上も雇用関係法の改正を考えてくれなかったのですから，恐らく，今後も改正してくれないだろうと思います。労働契約法に持ってくれば，これは厚生労働省の管轄ですから，雇用情勢のいろんな変化を配慮して，いろんな改正をやってくれるのではないか。そういう意味では，労働契約法を充実させたほうがいいかもしれない，統合説の立場のほうがいいかもしれないという気がします。

私は，総じて言うならば，豊かな労働契約法を作ってもらいたいというのが基本です。私たちが労働法を勉強し，使うにあたって，一つは，労働契約についての解釈の予測可能性が立つこと，もう一つは，紛争解決に役立つことが非常に重要なポイントです。そういうものに役立つような，豊かな労働契約法を作ってもらいたいということです。

ところが，私たちは成立した労働契約法の内容で以前に一度がっかりしました。今度は，民法の債権法改正で二度がっかりということにならないようにしてもらいたいと思います。

ですから，基本は，豊かな労働契約法という点にポイントがあるわけで，それが，どちらかというなら労働契約法に統合したほうが得策ではないかと思います。それが第一点です。

しかし，もう一点は，その逆というわけでもありませんが，そこには，やはりシビリスト的な観点からの問題点があるのではないかと思います。労働法の中のみに労働

契約が取り込まれると，いわば契約法，債権法からの離脱が生じてしまうという懸念もあります。

比較法的に見るならば，確かにフランスは，先ほど言ったように，民法典の中に尾てい骨みたいな規定が一つあるだけで，極めて大量の充実した規定が，労働法典の労働契約その他の章の中で規整されています。しかし，そこには，恐らく，労働契約法について，誰しも契約法からの離脱があるとは夢にも思わないという共通理解，共通の確信があります。だからこそ，労働契約法は，広いかたちで独立し充実した規定が設けられているのではないかと思います。

そういう意味で，これは山下会員など中国法の専門家に発言してもらうと助かりますが，その意味では中国法には，やや心配を感じます。中国労働契約法は，もともと債権法から離脱したかたちで出発し発達したところがあります。そして，債権法ではなく政策を中心に置いた労働契約が発展をしているのではないかと私は観測しています。

このように，労働法，契約法が独自に発達していくと，契約法的な規制からはずれて，独立した政策立法として，プラグマティズムに支配された労働契約法ができてしまうという別の問題が出てきます。そういう意味では，債権法と切り離された統合説には懸念されるところがあるのではないかと思います。

しかし，以上2つのそういった両方のベクトルに押し上げられながら，これからも統合説か分離規定説かを考えていかなけれ

シンポジウムの記録

ばいけないと思っている状況です。以上です。

石田（司会）　どうもありがとうございました。大村先生からの質問に関しては，今の野田会員のお答えにより，だいぶはっきりしたと思います。そして，非常に刺激的な報告内容にもかかわらず，非常に落ち着いた考え方を持っておられるのがわかってもらえたのではないかと思います。

4　労働契約法と債権法との関係

石田（司会）　それでは，これから各報告について議論していきます。最初は，野田会員の総論報告に対してです。大変たくさんの質問が出ています。私のほうで順次紹介しますので，もし補足的な発言があれば，よろしくお願いします。

最初に，少し大きな質問から採り上げます。一つは，立命館大学の松本克美会員からの質問です。ペーパーによると，「労働契約と民法債権法との関係が，現在は，条文上，不明確であり，この際，債権法を取り巻く社会の変容に対応し，両者の関係を明確化する規定を置くべきだというご主張と理解しましたが，野田先生が，この問題との関係で核心となる社会の変容とはどのようなものでしょうか」ということです。

野田（九州大学）　「社会の変容」という言葉をそんなに考えたうえで使ったわけではないので，どういうことかと言われると，私も改めて考えてしまうところがあります。ごく一般的に言われていること以上のことを考えているわけではありません。

雇用，とりわけ労働契約を巡るさまざまな状況，例えば，以前から言われているような企業組織の変動に対して，労働契約法は十分に対処していないではないか，特に事業譲渡について何の規定もないではないかということが一つあります。

もう一つは，先ほどから問題になっているように，労働者の雇用形態そのものも多様化している一方で，役務提供契約のように，労働者あるいは労働者類似の者についての契約法的な把握ができていないということです。

先ほどから言っているように，どっちでもいいから，とにかく労働契約法を豊かなものにしてくれというのが私の趣旨です。社会の変容に対して，労働契約法が十分対応しきれていない現状を問題にしたいと考えています。

民法に基点を置いて，一方で雇用関係規定の部分をさらに豊かにしていくということもあるでしょうし，あるいは労働契約法に任せることもあるでしょうけれども，今回の債権法改正が，規定の整備・充実を図るための契機になればいいと思ったという趣旨です。

石田（司会）　松本会員，よろしいですか。もし何かご発言がありましたら，よろしくお願いします。

松本克美（立命館大学）　立命館大学の松本です。専門は民法です。非常に関心を持って聞かせていただきました。

質問の趣旨ですが，野田会員は，「労働契約法と民法に雇用の規定があるけれども，今の社会の変容の中では，その両者の関係

をもうちょっと明確化させるべきだ。この民法改正の問題は，その絶好のチャンスである」と言われました。そこで，「その社会の変容とは，どういう趣旨で言われたのですか」ということです。

野田会員の考えは，要するに，「一方で，労働法を巡る多様化という問題がある。そうすると，今までの労働契約法だけでは規律できない分野がある。しかも，それについては，民法も十分には対応していない。従って，それについては，この際，労働契約法と民法でどういう分担をするのかを明確化すべきではないか」という趣旨ですか。

野田（九州大学） ほぼそうですけれども，少し違います。私の理解だと，社会の変容とは，企業組織の変動とか，労働者の多様化ですが，労働契約法は，そういう社会の変容に対応するかたちで制定されました。

しかし，その際にも，民法の雇用関係規定と労働契約法との関係性が明確にされないままスタートしてしまったところがあります。その溝というか，関係性の不在が，ますます大きくなってきているのではないかと思います。そのあとは，松本会員の言われるとおりで，まさしく債権法改正を機会に，さしあたり，もう少し明確に整理してほしいし，望むらくは，長期的にもっと充実してほしいということを話しました。

● 労働契約論と規範選択

石田（司会） それでは，次の質問に移りたいと思います。次も，やや大きな視点からの質問で，野田会員の報告に，早稲田大学の島田陽一会員から二つの質問が出ています。

第一番目の質問は，「長期雇用慣行に親和的な理論に対し，これまで配転法理や就業規則法理のように契約論的なアプローチからの批判があったと思います。野田報告のアプローチと従来の契約論的アプローチとは，どこに相違があるのでしょうか。民法理論の発展に依拠できるということでしょうか」ということです。

第二番目の質問は，「これは報告の範囲を超えると思いますが」という注記が付いていますが，「報告の想定する労働契約関係ないし雇用関係像は，どのようなものでしょうか。ジョブ型的な雇用関係を展望するということでしょうか」。最後は，島田会員の関心に引き付けられているのかもしれませんけれども，それはともかくとして，何か補足的なご発言はありますでしょうか。

島田陽一（早稲田大学） 早稲田大学の島田です。野田会員の報告を聞いていると，昔勉強したフランスのクチュリエ先生を彷彿とさせて，大変刺激的でした。

そのうえでお聞きしたかったのは，質問のとおりですが，実はプロレイバーも常にトライヴァイストではなくて，配転とか就業規則については，ある種，シビリスト的な議論で対応した時期があったように思います。必ずしも，それらの議論は，判例法理の中に採り入れられなかったと思います。それを踏まえたうえで，今般，野田会員が考えているのは，どの辺に違いを見いだしているのかということが一つです。

野田会員の考え方で進めていくことにな

ると，ある程度，従来の長期雇用的な正社員，私たちはこれを無限定正社員と呼んでおりますが，そういうものから，もうちょっと契約によって職務の範囲が確定されていくような雇用関係をある程度展望されているのかもしれないと思いました。何かお考えがあれば，お聞かせ願いたいということです。

野田（九州大学） まさしく，今，島田会員が言われたように，今回の私の議論は，私の引き出しの中に入っていた古い持ち駒です。1980年代から1990年代にフランスで議論されたものを，これは使えるのではないかと思って引き出して，ほこりをちょっと取って，新たに提示したということです。ジェラール・クチュリエ教授と，この部分についてはジャン・ペリシエ教授が書いたものを私が図式化したにすぎません。ちゃんと注にも書きますが，それが私の基本的な作業です。

今，島田会員が質問されたように，これまでの長期雇用慣行に親和的なプラグマティズム的な議論，特に就業規則理論などに対する契約論，例に挙げたように，配転理論に対する契約説の批判と，今回のシビリストからの批判では，どこに違いがあるのかというと，基本的には違いはありません。違いはないといってよいと思います。

ただ，今回は債権法改正の問題ということも関係して，私が意識したのは規範選択です。まず，何を規範に採るのかというかたちで再分類・再整理したという，それだけのことだろうと思います。理念としての契約法，契約論，契約説をもう一遍，規範

選択のレベルで何段階かに分けて整理するとどうなるかという，それだけの違いです。

しかし，その問題がなかなか面白いものですから，それをフランスでの議論がシビリストとトラヴァイストに分類しているものを使って紹介しました。基本的には変わらないと思います。

もう一点は，限定正社員，ジョブ型正社員の発想かということですけれども，もちろん，それは一部には入ります。しかし，むしろこれは逆にお願いしないといけないと思いますが，例えば，ジョブ型正社員にしろ，限定正社員にしろ，通達とかガイドラインで収束させてしまうのでは，基本的には何も変わらないだろうという気がします。今，そういう方向も見えてきているようです。

むしろ，そういう契約を基本にした立法のようなかたちで，それを再整理して，批判にも耐えられるものを作っていく必要があると思います。その意味で，契約を基軸とした雇用関係にもう一遍光を当てるのが，言われてみれば，私の立場かもしれないというぐらいのことです。よろしいですか。

● 中間試案の理解の仕方

石田（司会） それでは，次の質問に移りたいと思います。次は，野田報告に対して，古川景一会員から二つの質問が出ています。まず，私から読ませていただきます。

第一番目は，「中間試案は，同一説，分離規定説に近いとの見解は，法制審での審議の経過から見て，誤りであると考えます。

第一巡目の議論のたたき台になった論点整理では，説明の中に同一説が明記され，これを前提にして，民法改正の検討項目として解雇権濫用法理と安全配慮義務を雇用に盛り込むことの検討が提起されていました。

しかし，これに対して，峻別説からの批判，及び請負的就労者保護の必要性を重視する立場から批判がなされ，中間試案から全部削除されました。従って，中間試案は，同一説でも峻別説でもない，そういう意味ではニュートラルである，また，分離規定説でも統合説でもなく，ニュートラルになったと解すべきである」ということが第一点です。

第二番目は，「プラグマティストとセオリシアンの峻別論は，時系列を無視した暴論です。審議会が始まる前は，セオリシアンとしてあるべき立法について，多くの提言が連合や日本労働弁護団からなされ，審議会で採り上げられるよう努力が重ねられました。

しかし，審議会が始まると，事務局が提起する論点と検討課題の範囲に限定した議論しかなし得ないことから，権利後退をもたらす部分の削除・修正を求めるというプラグマティストの立場で臨まざるを得ません。セオリシアンの立場で影響力を行使したいのであれば，審議会が設置され，事務局が論点整理を開始する前に，具体的・体系的な提言をなすべきではなかったのか」という質問です。よろしいですか。

野田（九州大学）　心ならずも古川会員及び労働弁護団の方々を挑発してしまって全く恐縮ですけれども，挑発すること自体が目的ではなくて，私の理論の流れから言えば，そういうことになるだろうということを言いました。

第一点は，私が，「中間試案は，同一説，分離規定説に近い」という見解だということですけれども，私の原稿には，「同一説，分離規定説に最も近い立場であると見るしかない」と書いてあります。多分，そう言ったのではないかと思います。だから，そのことを強調したいわけではなくて，四つ並んだ表現の中では，これが近いだろうというぐらいのことです。中身を見ると，確かにそうかもしれないので，このことに関して古川会員の質問に反論する気は全くありません。

私の言いたいことは，あくまでも同一説，峻別説，分離規定説，統合説の四つをああいうかたちでクロスすることによって，面白い分析ができるということです。弁解しているわけではありませんが，中間試案の性格づけ自体が目的ではありません。その中で，口頭では言いませんでしたが，現行法を大きく変えていないし，役務提供型の姿勢も空中分解したので，恐らく同一説，分離規定説に置くしかないかもしれないというぐらいの見解です。ですから，ここで聞かれたことについて，あえて異を唱えるつもりはありません。

● 立法過程の重要性

野田（九州大学）　もう一つの点は，もっと挑発しているのかもしれませんけれども，この経緯については，私も詳しいところはわかりません。ですから，むしろ古

川会員のほうから，どうしてこういうことになったのかを話されてもいいかもしれません。それが一つです。

それと，私の議論でセオリシアンの立場で影響力を行使したいとは思っていませんけれども，影響力を行使するのであればそれは個別具体の問題場面でしかありません。具体的な問題で提言をなすべきだということであり，私は総論の立場です。それは，各論のそれぞれの立場で，それぞれの分野について，具体的体系を意識しつつ，シビリスト，セオリシアンの流れで議論しているのではないかと思っています。

そういうことですから，トラヴァイストがプラグマティストの立場で臨まざるを得なかった経緯については，私もわかりません。私が言うよりは，むしろ古川会員が発言されますか。

古川景一（弁護士）　おでこにぴったり「守旧的プラグマティスト」という貼り紙を貼られた以上は，貼り紙を取るために，立法手続について御説明します。労働弁護団と連合は，2000年前後頃から立法提言を出しています。それは，近いうちに契約法が作られ，民法が改正されるであろうという予測を前提にしています。審議会が立ち上がる前に，ある程度体系的なものを提起しなければ，影響力が行使できないので，早期にやったわけです。この時点では，セオリシアンです。

ところが，労働法学者の多くは，この時点でほとんど関心を持っていませんでした。

審議会が実際に動くようになると，審議会で委員が発言できることは，事務局が整理した論点と検討課題に絞られます。かつて提起した理想論のようなことは，そもそも発言できません。この時点では，プラグマティストとしてしか発言しようがありません。

ですから，審議会では，事務局から検討課題や論点として提起されたことで，労働者の権利後退になることについて，一つずつ牙を抜く作業しかできません。民法改正の審議会の過程で言えば，連合の委員は，既に百数十項目の指摘をしています。そのうちの約4分の3は，牙を抜きました。審議会での立法過程とは，そういうものだということを前提にしていただかないといけません。

レジュメの5頁の一番下の「守旧プラグマティズムについての疑問①」に，「法改正のチャンスを生かさなかった」とありますが，これはとんでもありません。法改正に盛り込みたいことをセオリストの立場から言うのであれば，審議会が動き始める前に，きちんと提起してくれなければ困ります。それをしないで，審議会が動き始めて論点が絞り込まれて出されてきてからこんなことを言われても，できません。

セオリストとして言いたいことがあるのであれば，遅くても2006年から2008年に提起していただくべきだったというのが私の言いたいことです。審議会が始まってからの関係者の行動をとらえて守旧的プラグマティズムと決めつけて立法の不十分さの責任をなすり付けるのはやめてください。

野田（九州大学）　立法過程の分析も含めて，これから検討していかなければい

けないと思うので，その辺のところは，また それまでの経緯などを勉強してやっていきたいと思います。

レッテルを貼るつもりは全くありませんし，古川会員ご自身が守旧的プラグマティズムだとは何も言っていません。いわば，結果として，こういう動きになったことを言っているだけです。その辺は，これからも仲よくやっていきましょう。

石田（司会） 一つの法律ができる立法過程の非常に複雑なプロセスをきちっと把握し，そのうえで議論する必要があるという指摘は，そのとおりだと思います。

● 他の労務供給契約に関する改正について

石田（司会） 次は，同じく野田報告について，川口会員から三つの質問が出ているので，まず読ませていただいてよろしいでしょうか。

まず一点目は，「中間試案が雇用と労働契約の関係につき，一致説……」。これは同一説のことですね。「同一説を前提としているという理解は間違いではないか。中間試案は，労働契約に該当するが，雇用には必ずしも該当せず，請負，委任，準委任等に該当するものもあり得るということに，きめ細かく配慮している」。解雇規制，安全配慮義務規定を雇用にのみ規定するという方針の撤回，危険負担に関する規定を雇用だけでなく，請負，委任等にも置くこと，準委任の契約終了ルールの一部を雇用と同じようにしていること等を例に挙げておられます。

二点目は，「債権法改正と労働法を論じ

るのであれば，雇用以外の労務供給契約，請負，委任，準委任等に関する債権法改正の内容を検討する必要があったのではないか」。

三点目は，「中間試案の『第27－2』（契約締結過程における情報提供義務）とか『第26－3』（付随義務や保護義務）は，労働者が義務を負う側に立つこともあり得ることを想定すると，必ずしも労働者保護的な規定ではないとは言えないのではないか」という質問です。

川口美貴（関西大学） 関西大学の川口です。質問は，基本的に読んでいただいたとおりです。ただ，他の方の報告を聞いていてもそうですけれども，債権法改正の議論に対する把握というか，イメージが，実際とは若干ずれているような印象があります。

例えば，先ほど大村先生は，「さわらぬ神にたたりなし」と言われましたけれども，それは別に，何もしないとか，最小限の修正しかしないということではありません。今回の債権法改正では，審議の中で，労働者保護について非常にきめ細かい配慮をしています。つまり，雇用という形態に該当しなくても，請負，準委任，委任，あるいはいろんな混合契約，無名契約という類型の方もあり得ると。したがって，雇用にうまく該当しないからといって，雇用に付与されている保護が付与されないという結果にならないように，配慮されています。

それで，質問用紙に書いてあるとおりですけれども，例えば，雇用にだけ解雇権濫用法理が適用されると書いてあると，ほか

シンポジウムの記録

の契約類型には，その適用がないとか，労働者ではないと解釈される可能性があるので，そういうふうに読まれないかたちで規定が置かれています。

また，根本会員の報告にもかかわりますが，「民法第536条2項」も，もともと契約一般に関する規定です。ですから，当たり前といえば当たり前ですけれども，雇用に関する特則というかたちで規定が盛り込まれるということではなくて，請負や委任や準委任についてもすべて「民法第536条2項」は維持されています。別に雇用に当たらなくても，債権者の責めに帰すべき履行不能の場合は，反対給付請求権が発生するかたちになります。

審議会の中では，そういう非常にきめ細かい配慮がなされているにもかかわらず，この労働法学会の報告の中では，その点があまり強調されずに，かつ検討対象は，雇用に限定されています。しかし，今のような配慮は，ほかの労務供給契約の中にもたくさん盛り込まれて，審議会資料の補足説明にも書いてあるのに，雇用以外の労務供給契約が今回の学会報告の検討対象とされていないことについては，疑問があります。

野田（九州大学） そういうことでしたら，それはそうかもしれません。タイトルそのものが「債権法改正と労働法」なので，とりわけ労働契約に焦点を当てて考えたということです。

特に，役務提供契約については，その中での新しい議論の進展を期待していたのに，ある意味では準委任に関する規定に収束してしまったこともあって，結局，主たる関

心からはずしてしまったというのはあるかもしれません。確かに，そういう意味では，もうちょっと広げて捉えていったほうがいいかもしれません。

最初の質問の答えは，古川会員への答えと同じです。私は，中間試案が雇用と労働契約の関係について同一説を前提としているという固い信念を持っているわけではなくて，そういうことになるのではないかと言っているだけのことです。趣旨は，あくまでも分類したかったということです。その辺は，今の発言を踏まえたうえで理解していただくことにしたいと思います。

今，ここに書いておられるように，例えば，準委任の契約終了ルールとか，一定の準委任については任意解除権を廃止するといったものについては，確かに組み込まれているので，この期に及んで同一説か峻別説かというのを議論の柱に立てるのは，確かにあまりよくないのかもしれません。おっしゃるとおりだと思います。

二つ目も同じ趣旨だと思います。

野田（九州大学） 三つ目は，言葉の捉え方の問題かもしれません。確かに，「第27—2」の情報提供義務は，労働者のほうにも情報提供義務があるので，それが裏腹の効果を生み出し，保護的とは言えないということもあるでしょう。

もう一つの付随義務のほうは，「競業避止義務が労働者側に引っ掛かってくるのではないか。そういうものがあると，必ずしも労働法的ではない」という趣旨であり，それは全くそのとおりです。

しかし，私は，民法は必ずしも労働者非

保護的ではないということを言いたかっただけです。もちろん，逆の側面があることもわかっています。ただ，「シビリスト」イコール「ノンプロレイバー」というのは一面的だということの例として話しただけで，それは理解していただけるのではないかと思います。

● 統合説の望ましさ

石田（司会） 野田会員に対する質問の最後は，大阪府社会保険労務士会所属の森会員からです。読ませていただきます。

「仮に，今回の民法改正の趣旨が，一般の人が読んでもある程度理解できる文章であるとすると，分離規定説のメリットが見えないのですが，何がメリットなのでしょうか。小さく産んで大きく育てるという労働契約法が，小さく産んだままとどまるのは明らかではないでしょうか」ということです。

野田（九州大学） 最初の質問というか，分離規定説のメリットが見えないということですが，私もメリットがあるとは思っていません。基本的に，私も，長期的には分離規定説ではないほうがいいと思っています。

労働契約法の内容をきちんと充実させて，先ほど言ったように，それこそ社会保険労務士の仕事にも役に立つような，明確で紛争解決の役に立つ解釈基準を提供してくれるのが望ましいと思っています。いろいろ議論はありますけれども，「労契法第16条」ができたことによって，紛争解決の立場からすると，やはり随分役に立っているので，

そういったかたちでの規範が形成されていくのは非常に望ましいと私は思っています。

ですから，ご説のように，分離規定説に特段のメリットがあるとは私は思っていません。最初の大村先生からの質問で答えたように，そこから民法が遮断されるのは，やはりデメリットかもしれませんけれども，今言ったとおりです。

また，労働契約法は，小さく産んで大きく育てることにならないのではないかということですけれども，これも大村先生からいただいたコメントの答えでもありますが，多分，民法の中で規定されたままでほったらかしにされるほうが大きく育たないと思います。むしろ，厚生労働省の管轄下に持ってきて，政策理念に基づき審議会等できちんと言っていただいて法改正をするほうが現実的です。有期労働契約については，いくらか進展もあったことからすれば，長い目で見ながら育てていくほうが，まだいいのではないかと思います。よろしいでしょうか。

石田（司会） 実は，全体の時間がちょっと気になっています。今日は5時半までですが，まだ総論報告の討論が行われている段階です。野田報告については，ペーパーで出されている質問は以上ですが，フロアのほうで何か質問はありますか。よろしいですか。

5 労働契約における合意と債権法改正

石田（司会） それでは，次に新屋敷

シンポジウムの記録

報告に移ります。新屋敷報告についても，いくつか質問が出ています。

新屋敷報告については，川口会員から補足的な情報提供をしていただけるということなので，これについて最初に扱います。すなわち，中間試案後，9月の部会資料67Aの例で，中間試案の「第28―1―(2)の削除が提案され，解釈に委ねる方向である。」とのことですが，この点について補足がありますでしょうか。

川口（関西大学）　今回，新屋敷会員から中間試案について紹介がありました。

中間試案の「第28」の「契約の成立」は，「1．申し込みと承諾」のところで，「(1)」は，「契約の申し込みに対して，相手方がこれを承諾したときは，契約が成立するものとする」，「(2)」で，「上記(1)の申し込みは，それに対する承諾があった場合に契約を成立させるのに足りる程度に，契約の内容を示したものであることを要するものとする」ということになっていました。

しかし，従来の審議の中でも，「いろんな契約がある中で，そもそも『それに対する承諾があった場合に契約を成立させるのに足りる程度』という内容の申し込みの内容が特定できるものかどうか」という疑問が出されていて，9月の審議会の段階では，「(2)」は削除して「(1)」だけが規定されることになりました。そういう意味では，「(2)」の申込みの内容は解釈に委ねるかたちになっています。

ですから，新屋敷会員は，民法のほうで一般的な解釈を出してほしいということでしたが，むしろ労働契約については労働契約の問題として労働法分野で考えてくださいということになると思います。

石田（司会）　わかりました。情報提供をどうもありがとうございました。

● 労働契約の成立要件と要素

石田（司会）　次に，古川会員から質問が二つ出ています。

一点目は，「レジュメ7ページ右上に『労働契約の成立要件（要素）』と記載されています。この図の中のどれが成立要件で，どれが要素なのかを説明してください」というものです。

二点目は，「レジュメ4ページ右上の中間試案では，申し込みの成立要件として，契約を成立させるに足る程度に契約の内容を示したものであることを挙げています。この要件が民法に盛り込まれた場合，練り上げ型を肯定するのは困難となるのではないか」というものです。

後者のほうですが，なぜ困難になる可能性があるのか，補足をしていただいてよろしいでしょうか。

古川（弁護士）　一言で言えば，これまでの労働契約の成立に関する判例では，申込みの成立要件に関して「契約を成立させるに足りる程度の内容」という限定はありません。契約成立の合意の有無は，事実認定の問題で，個別事案ごとに判断してきたのに，申込み成立要件に関して「この程度のものを明示しなければだめだ」というように成立要件が絞られてしまいます。そういう趣旨です。

石田（司会）　わかりました。どうも

ありがとうございました。では，以上の趣旨を踏まえて，新屋敷会員から答えをお願いします。

新屋敷恵美子（山口大学）　質問ありがとうございました。私のレジュメの26枚目のことで，要件，要素についての説明がちょっと不足していたか，早かったところがあったのだと思います。

私の報告では，要件と要素は一緒のものを意味しています。契約の成立を判断する際には，契約を成立させるのに求められる合意の内容を，成立要件として表現しています。それに対して，もし成立要件を満たす合意の内容が認定されたら，それは契約の中の要素になると理解していました。報告をするときには，一つ一つ「成立要件」，「成立要素」と表現するのが難しかったので，「成立要件（要素）」と表現しました。

また「要素」という表現を用いたのは，契約の成立要件についての議論の後で，合意の構造の話をする際に，合意があることについて「成立要件」と言ってしまうと，合意の具体的内容がわかりづらいというか，要件として認定された合意の内容が存在していることを表現するのに，「要件」という言葉を使うのは，わかりにくいと考えたこともあります。そこで「要素」という表現を用いました。

「要件」イコール「要素」ですけれども，私としては，その内容は二つあると思っています。その二つは，合意の対象と合意の深度で，より具体的内容はレジュメに挙げたとおりです。

そして，ここでは，合意の対象に関して，「契約類型の中心部分の合意に向けた意思」としています。労働契約に限定せず契約一般についてはこのように表現できますが，労働契約について具体的に考えると，労務と賃金支払いによる対価関係についての合意に向けた意思という内容になります。以上のような趣旨でした。

もう一点のほうは，勉強不足で恐縮ですけれども，川口会員から情報をいただきました。中間試案の申込みの定義規定がなくなったということなので，これで困難はなくなったという気もしましたけれども，恐らく，そういう問題ではないと思います。

中間試案自体が，補足説明で言及しているとおり，練り上げ型を否定するものではないとしていました。したがって，民法の中で契約の成立形態と成立要件について全体的にどう理解するかによって変わってくると思いますけれども，今の中間試案の理解を前提にする場合には，練り上げ型は否定されていないと言えるのではないかと思います。

また，「足りる程度に」という言葉が中間試案の申込みの定義の中に入っており，そこには練り上げ型が示唆されていると理解できますし，さらに，この言葉の内容を成立要件として考えるのであれば，練り上げ型にも関係してくると思います。

古川（弁護士）　今の報告は，契約とは何か，契約の成立要件とは何かということを明確にしなくてもいいということですか。成立要件は何かが明確でなくて，契約の成立を肯定できますか。今の説明だと，要件でもあり，要素でもあるということで

シンポジウムの記録

すよね。

新屋敷（山口大学） はい。

古川（弁護士） 成立要件が何かということと，その判断要素や考慮要素が何かということは全く別です。それを全部一緒にするのですか。

また，成立要件を明確にしないまま，レジュメに書かれているごたごたの判断要素を練り上げていけば，どこかで契約が成立するというのを練り上げ型と言うのですか。

新屋敷（山口大学） 私が言っている成立要件は，例えば，整理解雇での要件とか要素の話とは違います。加えて説明するのであれば，私が今議論しているのは，成立要件の話だけだと理解していただきたいと思います。したがいまして，私が言っている「要素」は，成立要件だと理解していただいて構いません。説明がうまくできていないかもしれませんが，基本的に成立要件の話を議論しているつもりです。これが欠けていいとは私は思っていません。

石田（司会） よろしいでしょうか。一応，以上のような理解を前提に議論を組み立てているということです。ただ，それ自体が成立要件であるのかという問題は，恐らく残るだろうという気はします。

古川（弁護士） いや，労働法学会でそういう議論が成り立つのか，ちょっと考えただけでも，成立要件と合意の有無の事実認定の際の判断要素とをごちゃまぜにした契約理論はあり得ません。

● 成立要件としての契約内容確定性の程度

石田（司会） それでは，続いて新屋敷会員への質問です。土田会員からの質問ですが，これも，先ほどの中間試案の「第28—1—(2)」にかかわるところです。質問用紙を読みます。

「（新屋敷）会員の立場からは，労働契約の成立に関して，具体的な労働条件，契約内容の確定を求めていないように思われるが，その立場からは，中間試案の『第28—1—(2)』はどう評価されますか」。これは，先ほどの古川会員の二つ目の質問とも関連すると思います。土田会員，どうぞ。

土田道夫（同志社大学） 同志社大学の土田です。質問の内容そのものは，今ご紹介があったように，古川会員の二つ目の質問とほぼかぶると思いますが，その前提として，この問題の採り上げ方について，少し意見を述べたいと思います。

先ほどの大村先生のコメントの中で，中間試案で線を引いて，その前はいわば黒船で，そのあとは，基本的に労働契約にはノータッチだという指摘があったと思います。今回のいくつかの報告は，「そうはいっても，黒船である債権法改正について，労働法ではどう検証するか」という問題意識があったと思います。

私自身は，少し前に『債権法改正と労働法』（商事法務）という共同研究をしましたけれども，その時点では，債権法改正はまだ黒船でした。ただ，私は，黒船イコール撃退すべきものだとは思っていません。債権法改正の中の重要な規範やアイデアについては，労働契約法ないし労働法の側で，きちんと考慮して検討すべき点が多々あると考えています。

その前提で言うと，野田会員は，債権法の規範からの離脱について，問題が多いのではないかと言われました。それと同じ問題意識ですが，その観点からすると，「第28―1―(2)」が残ろうと残るまいと，ともかく労働契約の成立というテーマは，恐らく労働法と債権法が最も乖離するテーマの一つだと思います。

そうすると，先ほど読み上げていただいたペーパーのとおりですけれども，労働契約の成立に関して，「第28―1―(2)」という債権法の規範について，労働法の側が摂取すべき点があるとすれば，それは何か。なければ結構ですが，その点について意見があれば伺いたいと思います。

新屋敷（山口大学）　ありがとうございます。古川会員の質問ともかかわっているかと思います。

まず，私は，この質問を二つに分けます。一つは，労働契約の成立要件が契約法における契約の成立要件と関連しているのかという問題，もう一つは，関連しているとして，労働契約の成立要件を具体的に考える際に，内容確定性の問題をどう考えるべきなのかという問題です。

最初の問題に関しては，成立要件は民法の理論と乖離すべきだとも考えられるかもしれませんけれども，私自身は，民法と一緒であると理解しています。民法の部会の中でも継続的に議論されていますが，成立要件には二つあるという指摘がなされ，本報告で提示した要件もそこでの議論と通ずるものであると考えています。

中間試案に至る議論の中で民法学者の中田裕康先生は，契約の成立には二つの確定性が求められると言っています。また，中田先生と加藤幸雄先生の御論文（中田裕康・加藤幸雄「契約締結の交渉から成立まで」鎌田薫ほか『民事法Ⅲ債権各論〔第2版〕』〔日本評論社，2010年〕1頁）で，先生方は，「確定性については，二つの異なる種類の問題がある。一つは，給付内容の確定性であり，もう一つは，合意の終局性である」と言っています（6頁）。私は，労働契約についても同じことが当てはまると理解しています。

第二の問題に入っていきますが，そうすると，恐らく，労働契約については，確定性を認めがたいものが多くあるという批判があるかもしれません。この点についても，中田裕康『継続的取引の研究』（有斐閣，2000年）という本では，そもそもわが国の民法自体，成立時点では契約の確定性をそれほど厳格に問うものではないとされています（81頁）。

この点は，さらに労働契約についてどう考えるかということを検討していく必要があるのかもしれませんけれども，基本的に，私は，契約の成立に求められる確定性の話については，民法でもそれほど厳格なものであるとはされていないので，確定性の問題のために労働契約の成立の議論と民法における契約の成立の議論とを切り離す理由はないと考えます。確かに，今後，もっと詰めた話をしていかなければいけないかもしれませんけれども，民法の議論に寄っていっていいし，切り離す根拠は今のところ見当たらないと思います。

シンポジウムの記録

● 意思解釈の問題

石田（司会）　新屋敷会員へのもう一つの質問は，関西学院大学の豊川会員からのものです。まず，質問内容を読みます。

「黙示労働契約論は，法形式上の意思内容の探索によっては困難ではないか。すなわち，これは違法派遣においても，供給先の労働法上の使用者責任回避イコール脱法目的を認定したうえでの３当事者間のあるべき合理的意思の認定になるのではないか」ということです。では，補足をお願いします。

豊川義明（関西学院大学）　では，簡潔に。私自身，民法の現代法化について，労働法学あるいは解釈学は，学ぶべきところが多々あるのではないかと考えています。

今の問題で，新屋敷会員は，契約の成立場面の中で黙示の労働契約を採り上げて，練り上げと複眼的なかたちという二つの契約の成立の可能性について言われました。

それとの関係から言うと，黙示の労働契約というかたちで労働分野で問題になったのは，結局のところ，強者と弱者の中における強者の労働法回避あるいは脱法，法の適用回避目的というか，強行法規違反というか，そういうものを媒介にしながら，誰との間で契約関係を認めていくのかというかたちで考えざるを得ません。

いわゆる合理的意思解釈とか規範的解釈という解釈のあり方（方法）です。私は規範的意思解釈の立場ですけれども，そういう解釈方法あるいは解釈準則を採らなければ，本当の意味での労働契約成立につながっていかないのではないかと考えています。

そこで，少し質問的になっていますけれども，その点をどう考えておられるのかということです。

新屋敷（山口大学）　大変重たい問題というか，難しい問題です。ご質問ありがとうございます。まず前提として，私自身は，意思解釈における意思とは何かなど，これからもっと深い研究をしなければいけないと思っています。したがって，今からお答えすることは，現在の私が理解している意思論を前提にしてということになります。

私は，契約解釈の合理的意思解釈とか規範的意思解釈については基本的にはあまり積極的には捉えてはいません。

それには，今日の報告でも指摘しましたが，派遣労働者と派遣元，派遣元と派遣先との間で交わされる契約書面の威力は，恐らくかなり大きいということがあります。契約書面は，誰と誰とが契約するかを明確にしてしまうという機能を有するのだと思います。そうすると，書面があることによって契約を締結しようとする意思の方向が決定されます。

そのような状況の下で，規範的意思解釈等として裁判官が脱法的なものに着目すると，例えば，松下プラズマの最高裁判決がありますけれども，ああいうかたちで，書面の意義をなくすために，まず労働契約を無効にして，さらにもう一方では，派遣先との間に黙示の労働契約を求めることになります。作業としては二つのことをやっているわけです。

一つは，契約の無効を言わなければいけ

ません。もう一つは，無効であると言ったうえで，限定されていた意思の方向を派遣先のほうに向けてあげなければいけません。合理的ないし規範的意思解釈は，この二つのハードルを裁判官に課すことになると思います。

そうすると，そのような意思解釈論のハードルは，かなり高いものになると思います。しかも，契約無効が必ず言えるかどうかというと，現在の判例の傾向からしても容易いことではありません。

このような理論的，実際的な困難から，私は，合理的あるいは規範的意思解釈は採りません。そこで，私は，報告で，かなり場面が限定されるかもしれませんが，明示の契約で意思表示がなされた場合をどう疑ってみるか，労働契約法でも合意の原則がうたわれているところから，意思というものにもう少し着目して，慎重に認定していくべきであろうという方向を示したつもりです。

ただ，民法における意思とは何かとか，労働法における意思解釈とは何かというのは，今後，研究をしていきたいと存じます。以上です。

● 労働契約類型に固有の成立要件の可能性
石田（司会）　それでは，新屋敷会員に対する質問としては最後ですが，立命館大学の松本克美会員からの質問です。まず，質問用紙を読み上げます。

「練り上げ型合意についての契約成立の一般規定を置くべきという主張ですが，中間試案で，これが採り上げられなかった理由をどう考えますか。中間的論点整理では，契約の成立の判断にあたって考慮される事項や契約条項の詳細さは，契約ごとに異なっているので，すべての契約に共通する一般的な規定を設けることは困難という意見も紹介されています。民法改正の中でではなく，別途，労働契約法に固有の契約成立の規定を設けるという考えはいかがですか」という質問です。松本会員，これでよろしいですか。それでは，よろしくお願いします。

新屋敷（山口大学）　質問ありがとうございます。前の会員の方にいただいた質問と少し重なっているようにも思いますが，答えられる限りで答えたいと思います。

質問の趣旨は，二つに分けることができるのではないかと思います。一つ目は，「練り上げ型の合意の契約成立に関する一般的規定が中間試案に入らなかったのは，どういう理由ですか」ということです。これは，契約の成立は多様であるから，それを一つの一般的規定にまとめることは無理だといった趣旨の問題を提示されているものと理解しました。

そういった議論は，部会の中でもありましたけれども，結局，部会の議論の経過では，そういった議論があったにもかかわらず，論点整理のあとに具体的規定が出されたりもしていて，何でこれがなくなったかというと，実際には，今日の報告でもご紹介させていただいたとおり，試案の段階で表現がうまく整理できない状況があったからとしか答えられません。

今話しながら，松本会員のご質問の趣旨

シンポジウムの記録

は，「結局，一般的規定を置くことは不可能ではないですか。労働契約については，特にそうではないですか」ということかと思いましたけれども，私はそうは思いません。

法制審議会の民法部会第9回会議の議事録から道垣内（弘人）幹事の発言を読ませていただきます。「それでは，現行法では，どのようなかたちで契約が成立すると考えてきたのでしょうかと反論せざるを得ません。現行法下でも，合意によって成立するという前提のもとで，その合意が何であるかを考えてきました。確かに，労働契約に関しては，どの部分が本質的な要素なのか決まっていないという意見がありましたが，労働契約についてだけ決まっていないわけではないと私は思います」。

私も，全くそのとおりだと思います。一定の合意が必要であることは「労契法6条」の定めるところであり，それについて，今，はっきりとしたものがないからといって，「じゃあ，労働契約の成立については別の扱いをしよう」という話には，やはりならないのではないか。契約法とのつながりは，やはりどうしても出てくる話なのではないか。特に契約の締結に関する議論は，今日も指摘させていただいたように，憲法上の価値としての契約締結の自由にかかわってくるものです。私の主張ということになるのかもしれませんけれども，私としては，労働契約の成立の議論も契約法に根源があると理解しています。

松本（立命館大学）　立命館大学の松本です。今，労働契約という観点から言わ

れていると思いますが，中間試案で言われていることは，必ずしも労働契約のことだけではありません。契約には，労働契約だけではなくて，出版契約とか，知的財産に関する契約とか，いろいろあります。そういうものの中で練り上げ型合意というものを作ったとしても，やはり契約類型ごとに違うかもしれないということが議論されたのかと思いました。

ですから，民法改正という中で，中間試案がそういう判断をしているときに，労働法学としては，労働契約における合意の成立については，むしろ労働契約の規定の中で精緻化する方向性を考えるという意見については，どう考えますかという趣旨です。

新屋敷（山口大学）　特に民法の先生に伺ってみたいと思っていましたが，その場合にでも，やはり合意による契約の成立に関する一般規定または理論が必要ではないのか……。例えば，合意による契約の成立の話は，特別法の領域でのみ言われている，労働契約についてのみ言われていると仮定してみたとしても，それで民法とは切り離して考えるべきであり，切り離して考えることができるものだとまで理解できるのでしょうか。逆に質問するのは，ちょっと通常ではないかもしれませんけれども，その辺を聞いてみたいと思っていました。

松本（立命館大学）　私が民法を代表しているわけではありませんが，それは考え方しだいです。民法では，結局，一般的な規定を置くことしかできないということです。ですから，特殊なものについては，特殊なところで置くべきだという考えもあ

り得ると思います。

今回，民法では，結局，申込みと承諾しか定義づけできませんでした。ほかの契約の成立の仕方とか合意は，やはり契約類型ごとに異なる点があると考えるとしたら，むしろ労働法学が労働契約の成立基準について積極的に提起すべきとは考えられないか。民法の中に根拠を求めるという考えもあると思いますけれども，それがないときには，むしろ労働契約法の中で労働契約の成立についての規定を置くと言うことは考えられないでしょうか。今，労働契約法の中に「合意」というのが条文にもありますけれども，合意とは何か，今までみたいに解釈に任せておくのか，それとも，合意についてもうちょっと労働契約法の中に入れるのかということも検討すべき課題かもしれないと思ったので質問させていただきました。

石田（司会） 質問の趣旨は非常に明確なので，その点は新屋敷会員のほうで受け止めてください。そのうえで新屋敷会員がどう考えるかというのは，今の時点で何か答えがあれば答えていただくし，なければ，考えていただき，ペーパーに書く際に，その点を反映していただくということになると思いますが，よろしいですか。大丈夫ですか。

新屋敷（山口大学） はい。

石田（司会） もちろん，言いたいなら言ってください。どうぞ。

新屋敷（山口大学） 言いたいことはあまりありません。ありがとうございました。

● 意思表示における表示行為等の問題

石田（司会） どうもありがとうございました。本当に時間のことがだんだん気になってきましたが，新屋敷会員に対して質問用紙で出ている質問は以上です。さらにフロアのほうから何か質問はありますか。

山川隆一（東京大学） 大変有益な報告をありがとうございました。質問といいますか，希望になるかもしれません。先ほど，意思の重視ということを言われましたが，他方で，意思表示という概念には表示という要素があります。つまり，合意であっても，対立する意思表示の合致ということで，何らかの表示行為があることを，少なくとも明示の意思表示の場合は前提にしています。そうすると，合意の深度とか終局性を考える場合に，いったい何をもって意思表示における表示行為があったと見るのか。このような，いわば古典的な意思表示の構造との関係を教えてほしいという点が第一点です。こういう領空侵犯的な発言をすることは，審議会メンバーの大村先生もいらっしゃるところですので非常に冷や汗ものですが，古典的な意思表示の構造論との関係で，合意の深度，熟度，確定性，終局性をどう考えるかを教えていただけるでしょうか。

また，二点目としては，黙示の意思表示の場合は，明示の表示行為がないことが前提ですので，別の構成ができるか。それも表示行為との関連です。

三点目は，これも希望ですが，合意という場合には，契約の成立だけではなくて，例えば合意解約とか，あるいはその構成要

シンポジウムの記録

素としての合意解約の申し込みの話ともか
かわってきます。また，本日のお話は，不
更新条項や労働条件変更の合意など，合意
一般の問題にもかかわるように思われます。
これらを議論し出すともう一つの学会の
テーマになってしまうかもしれませんが，
教えていただければと思います。

　石田（司会）　　さらにもう１回学会を
やらなくてはいけないようなテーマです。
もし答えがあれば，いま答えていただいて
もよいですし，今のご質問を受け止めて今
後の研究に生かすということでもいいと思
います。

6　労働条件の形成と変更

● 労働協約と約款

　石田（司会）　　司会の不手際で時間が
大変かかっていますが，次に，野川報告に
ついての質疑に移ります。司会を代わりま
す。

　野田（司会＝九州大学）　　石田会員から
司会を引き継ぎます。石田会員も何度も言
われていますように，時間がだんだん切迫
してきています。５時半に終わらなければ
ならないのに，あと３人も質問対象の報告
者がおられるということで，場合によって
は失礼も覚悟でどんどん進めていきたいと
思います。

　最初に，野川報告についての質問です。
古川会員から質問が二点出ています。第一
点は，「労働協約について約款該当性は希
薄とされています。しかし，労働組合ス
テージに提携するために産別組織が準備す

る労働協約は，中間試案の提起している約
款の定義を充足しています。約款の条項は
強行法規ですから，定義を充足する以上，
約款法理が適用されるのではないでしょう
か」。

　二点目は，「約款の変更要件の一つとし
て，すべての相手から同意を得ることが困
難とあることから，就業規則がこれに該当
するか疑問とされています。しかしながら，
約款概念には，アパート経営者があらかじ
め準備する賃貸借契約書も含まれます。報
告者は，約款概念について鉄道運送約款や
生命保険約款のような大規模なものに限定
されていると誤解しているのではないでし
ょうか」。この二点です。お願いします。

　野川（明治大学）　　第一点に関しては，
労働協約にも場合によっては約款に該当す
るものがあることは，もちろん認識してい
ます。ただ，約款の場合，部会の議論にお
いては就業規則との関係が主として対象と
なっていたのでそれを中心としましたが，
古川会員の指摘に刺激を受けて，私も，今
度，約款としての労働協約ということも機
会があれば触れていきたいと思っています
ので，ご了解ください。

　二点目の質問は，古川会員が，野川は誤
解しているのでないかと誤解をされている
ことに私の責任があると思っています。つ
まり，私は，就業規則の場合にはあくまで
も一つの事業場に適用されますので，変更
要件にある「多数当事者の合意を得ること
は難しい」というのは一般的には当てはま
らないことが普通ではないかということを
言うための，いわばその典型的な反対例と

して普通契約約款のうちの生命保険約款の
ようなものを採り上げたのであって，もち
ろん，約款それ自体の中に，「いや，全然
多数ではないから合意を得ることは易しい
よ」というものがある。したがって，変更
条項が適用されない場合があることは，も
ちろん認識しています。

野田（司会）　よろしいですか。

● 約款の組み入れ要件と労契法7条との関係

野田（司会）　　次に，米津会員から野
川報告への質問です。「『労契法7条』と組
入条項の関係について三つの可能性を示さ
れています。野川報告の言う契約法の貫徹
する姿を目指す見地からは，並立でも排他
でもなく，両者の調和的・統合的な解釈が
妥当かと思われますが，いかがお考えでし
ょうか。仮に統合的な解釈に立つとすれば，
『労契法7条』の周知についてはどのよう
に理解することになるでしょうか。私は，
少なくとも，労働者にとって不利益をもた
らす可能性のある条項については事前の開
示が求められることになると思いますが，
いかがお考えでしょうか」。

これも，趣旨は把握できると思います。

野川（明治大学）　　お答えして，足りな
いのであればまた発言いただきたいと思い
ます。私のレジュメの最後にチャート図を
描いておきました。考え方の可能性として
は，一番ラジカルであれば，就業規則に関
する「7条」は外部規律説を採るべきであ
るということになりますが，これは主張と
してはあり得ないわけではない。

しかし，それを紹介したうえで，私とし

ては，最も現実的で有益なのは，「労働契
約法7条」の合理性判断の中に約款規制に
関する考え方，規定，ルールが反映し得る
のではないかと申し上げましたので，その
評価を基にすれば，「並立でも排他でもな
く指導者の調和的・総合的な解釈が妥当か
と思われます」というのが当てはまるので
はないかと思います。

そのうえで，「労契法7条」の周知につ
いてですが，ご案内のとおり，「労契法7
条」は，労働契約が締結される際に周知さ
れると捉えているのに対して，この約款規
制のほうは，「周知」という言葉は使って
いません。私の資料の8ページをご覧にな
ると，組み入れ条項のところに，「契約の
当事者はその契約の約款を用いることに合
意し，かつ，その約款を準備した者によって
契約締結時までに相手方が合理的な行動
を取れば，約款の内容を知ることができる
機会が確保されている」という言い方をし
ています。

もちろん，違うことは確かです。したが
って，この組み入れ条件を満たさない就業
規則はあると思いますし，その場合には，
少なくとも，この約款組み入れ条件以降の
ところは問題にならなくなるという考え方
が出てくると思います。ただ，例えば就職
活動をしている際に，何回かの面接を通し
て内定が確実となり，その結果就業規則を
見る機会が与えられることになったような
場合は，まさに組み入れ条件に当てはまる
ことになるでしょう。

要するに，労働契約を締結する前に就業
規則を見る機会を与えられているような労

シンポジウムの記録

働契約の締結の在り方は、十分考えられるのであって、そういう場合には、当然、この約款に関する「第30―2」を踏まえても、約款の組み入れ規定が就業規則に適用される場合があることになります。私の検討は、さらに進んでそれ以降のことについて、「労契法7条」と組み入れ規定との関係をどう考えるかを展開したことになります。

そのあと、もちろん、「労契法7条」との関係では、労働契約を実際に締結される際に就業規則が見られる状態になっていなければならない。それで、「労契法7条」を満たして、その適用が問題になってくる。こういう構造になっているだろうと思います。もし、ご意見があれば？

野田（司会）　米津会員、よろしいでしょうか。

米津孝司（中央大学）　私見とはやや異なりますが、野川会員のご見解については了解いたしました。

野田（司会）　ありがとうございます。

● **不当条項と不意打ち条項の関係、不当条項規制と就業規則**

野田（司会）　次に、土田会員からの質問を紹介します。「就業規則が約款の組み入れ条項を充足する場合に、不意打ち条項規制、不当条項規制が労契法7条の合理性の判断要素となるべきとの解釈は理解できるが、具体的にいかなる違いが生ずると考えられるか。それが一点です。

また、「債権法改正作業を労働法の観点から検証するという会員の立場からは、そもそも不当条項規制を就業規則（一方的権限付与規定等）に適用すべきではないとの議論についてどのように考えられるか。私見としては、こうした適用回避論に賛成であり、労働者の不利益が特に過大な条項（例えば、無限定出向条項、無限定残業条項、無限定競業避止条項）についてのみ、合理性の判断要素に摂取すべきものと考える」。

さらに次の問題、「さらに、不当条項規制と不意打ち条項規制、暴利行為との役割分担ないし対象区分についてお考えがあれば、就業規則・個別契約双方についてお聞かせいただきたい」。不更新条項、無限定競業避止条項などという、全体三点についての質問です。お願いします。

野川（明治大学）　私は、学生にも言っていますし、自分には一番よく言いきかせていますので、土田会員にも申し上げるのですが、「読みやすい字を書きたい」ものです（笑）。

まず、あとのほうについては非常に大きな問題なので、今後の検討とさせていただきます。

不意打ち条項と不当条項の関係ですが、実は審議会の議論の過程で、中間的論点整理の段階では、不当条項について大々的にリストが挙げられて、大体これで包含できると思われていました。だから、その段階までは不意打ち条項はありませんでした。ところが、不当条項規制自体が中間試案の段階で非常に小さなものになって、「それならやっぱり不意打ち条項が要るだろう」ということになりました。

イメージとしては，不当条項が包含的なものであって，少なくとも，不意打ち条項はその一類型のような扱いがされていた。そういう観点からは，不意打ち条項と不当条項をこのように二つの違ったものとして考えるのではなく，基本的には，労働契約においても不当条項規制というものが大きな役割を占めると思います。

ここに不更新条項が例として挙げられています。先ほど，私も例に挙げましたが，懲戒規定などには，「え，こんなものがあるの？」ということが時折あります。それを不当条項と言うこともできます。しかし，ある意味では，やはりそれは不意打ちになるということもあり得ますので，そういった意味では，不意打ち条項が，いわば付加的に，あるいは補足的に不当条項規制に対して意味を持つことがあり得るのではないかと考えています。

不当条項規制を就業規則に適用すべきではないという議論について，土田会員の私見としては，こういう適用回避論に賛成であると言われています。他方で，労働者の不利益が過大な条項についてのみ合理性の判断要素に摂取すべきであると言われていますので，全面排除ではないということです。そうすると，その点では，土田会員のお考えは私とかなり近くなると思います。ただ，これがどのように一致するのか，あるいはさらにどこに違いがあるのかについては，今後検討させてください。

また，最後の不当条項規制と不意打ち条項規制の暴利行為との役割分担です。先ほど，報告の中で少し紹介しましたが，暴利行為に関しては，「著しく過大な不利益」という言葉が入っています。その「著しく」が不当条項の中にはありません。明らかにあるのは程度の差であると。恐らく，中身についても違いは出てくるだろうと思いますが，これは今後検討させてください。よろしくお願いします。

野田（司会）　お願いします。どうぞ。

土田（同志社大学）　細かな議論については，今の回答でよくわかりました。なお，質問票には，「悪筆ごめんなさい」と書いてあります（笑）。

私が言いたいのはこういうことです。今の野川会員の話にもありましたが，労働契約について，債権法の議論をどのように摂取し，あるいは考えるべきかという大きな枠組みで考えたときに，例えば不当条項規制の場合，中間試案ではなく中間的論点整理の時点では非常に範囲が広かった。そうすると，労働契約に適用した場合，恐らく労働契約とは整合性の取れない不当条項規制が適用される可能性がある。そうすると，そこは，労働契約の特質をきちんと考えて，適用回避論を含めて議論しなければいけないと思います。

一方，逆に，債権法からの議論の摂取を峻拒するという態度もおかしい。つまり，恐らく皆さんも，「こちらは労働法の領域だから一切入ってくるな」というスタンスではないと思いますが，それがおかしい一つの例は，今挙げたような，労働者の不利益が過大な条項については，不当条項なり不意打ち条項規制なり暴利行為なり，どの構成を採るかは今後の課題でしょうが，い

シンポジウムの記録

ずれにせよ，労働契約ないし労働契約法の解釈に適切に摂取すべき点があるのではないか。

つまり，「労働契約の特質を考えれば，この点は労働契約独自の問題として考えましょう。しかし，債権法の議論の中で摂取すべき点は摂取して，労働法学会で議論しましょう」という視点が必要ではないかということが，私の悪筆による質問の背後にあります。

野川（明治大学）　ありがとうございます。検討したいと思います。なお，「悪筆ごめんなさい」の字自体がよく読めませんでした（笑）。

● EU 指令の不当条項規制

野田（司会）　それでは，次に行きます。野川報告に対しての質問がさらに続きます。森啓治郎会員からの質問です。「不当条項規制についてです。『民法90条』に『公の秩序又は善良の風俗に反する事項を目的とする法律行為は，無効とする』とあり，抽象度が高すぎる点ですが，ヨーロッパでは，立法的コントロールが使われ，あらかじめリストを法律で決めている国もあると聞いています。これに関して具体的に知っていることがあればご教示お願いします」。

野川（明治大学）　これは，恐らく調べられたほうが正確だろうと思います。もうだいぶ前ですが，ヨーロッパの EU 指令において不当条項規制のリストが挙げられて，国内法化がそれぞれの国についてされています。関心のある国，例えばインターネッ

トの情報サイトで「ドイツ・不当条項・リスト」と打って検索すれば，かなり出てくるのではないかと思いますので，大変恐れ入りますが，そこで調べられることをお勧めします。

野田（司会）　森会員，よろしいですか。今すぐにお答えできる性質の質問ではないようですので，よろしくお願いします。

● 労契法と憲法，債権法の約款規制

野田（司会）　次に，豊川会員から野川報告への質問です。読むのに身構えています。「労働契約法の憲法上の根拠を，『憲法27条2項』にあると考えてよいか」。これが第一点。二点目。「債権法との関連では労契法は特別法となるとしたうえで，債権法の約款規制の解釈を類推するなり，労契法の条文の中に読み込むとの方法でよいか」という質問です。

野川（明治大学）　二つとも，質問の内容が，日本語としては非常にわかりやすいのですが，中身は非常に深い問題で一概には答えられません。労働契約法の憲法上の根拠は，「憲法27条2項」のいわゆる最低条件を法律で定めると，そこにあるのかと言われれば，実は，そういう要素がないとは言えないだろうと思います。しかし，「27条2項」に立脚して作られたものであるというのは極めて難しいと思います。抽象的にしか答えられません。この質問については，必ずどこかで答えたいと思います。

二点目についても，整備すれば労契法は特別法となるとしたうえで，約款規制を類推すると言われていますが，私は，それに

関してもいくつかの考え方を示しました。そのうえで申し上げれば、「類推」という言葉と「合理性判断への反映」ということが一緒なのかどうなのか、これは大きな問題だと思います。この点についてきちんとした回答を用意したいと思っていますので、ご了解ください。

野田（司会） 豊川会員、よろしいでしょうか。

豊川（関西学院大学） 二点目の問題に限定します。先ほど、民法の現代法化うんぬんについて議論を得ましたが、1回きりの消費者契約ではあっても、そこには構造的な格差、情報格差の問題があって、その点から言うならば、約款規制の法理というものは、労働関係においても就業規則等の問題も含めて、かなりの部分が類推なり、契約の解釈論、解釈内容の具体化というかたちで適用されることになるのではないか。

今、野川会員が言われたように、その場面もそれぞれ的確に分類していく作業はこれからも大事だと思いますが、基本的には、私は今そう考えている立場です。

野田（司会） ありがとうございます。

● **約款法理の企業年金規程への適用**

野田（司会） さらに、野川報告に対する質問です。河合（塁）会員からの質問です。「企業年金規程には、『経済的事情等により本制度を変更・廃止する場合がある』などという条項（訂正・変更条項）が設けられることが通常であり、これは、長期的給付という性格上、将来の変更・廃止要件を規程制定時点で明確化することは困

難という面から、実務的にやむを得ない部分はあるものの、少なくとも文言上は、企業側に一方的な契約変更権・解約権を留保した条項となっている。

今後、約款法理が企業年金規程にも適用ないし類推適用されるとなると、上記のような訂正・変更条項は、基本的には『不当条項』と推定されることになるのではないか。そうだとすると、その推定が覆される要件として、結局は従来の判例に見られたような、（実際の適用場面での）『合理性の充足』等の観点は、今後も生きてくるのではないか。この点について、野川先生の解釈をご教示いただければ幸いです」。

質問は明解です。よろしいですね。

河合塁（岩手大学） はい。

野川（明治大学） 確かに、企業年金規程には、企業側に一方的な契約変更権・解約権を留保した条項がよくあります。ただ、それも、一義的ではありません。例えばそれ自体にいろいろな条件が付加されたりすることがありますので、基本的に不当条項と推定される、ということにはならないと思います。しかし企業年金規程は就業規則ではなくて約款ですから、要件に該当すれば不当条項が適用されるのは当然だと思います。

その企業年金規程の固有の性格に応じて、従来の判例に見られた実際の適用場面での合理性の充足がそれなりに反映されてくるだろうと思います。しかし、そのメカニズムについては、私よりもむしろ、河合会員は企業年金規程の第一人者です。「いや、まだ俺のほうが第一人者だ」という会員が

シンポジウムの記録

いるかもしれませんが，それは別として，ぜひ，河合会員もこれについて検討してほしいと思います。私ももちろん検討させていただきます。

　野田（司会）　河合会員，よろしいでしょうか。ありがとうございます。

● 労契法7条の合理性と約款法理

　野田（司会）　野川会員に対する質問としては最後だと思いますが，川口会員からの質問です。三つあります。まず，「事情変更の原則について，中間試案後，7月の『部会資料65』で法理の効果として明文化するのは解除にとどめることが提案されていることを補足させていただきます」。これは，補足の情報提供です。

　二点目，「約款の不意打ち条項・不当条項の評価との関係で，『労契法7条』の合理性が就業規則の内容を規制する条件として機能していないと評価されているようです。確かに，配転，時間外労働に関してはそうですが，出向，降格，降級，懲戒等については，裁判所による一定の規制が行われているのではないでしょうか」。三点目，「そもそも，約款法理が労働契約に適用されることは妥当なのでしょうか」という大きな問題があります。

　特に補足はいいですか。もし回答に対してさらに何か質問があればお願いします。

　野川（明治大学）　第一点については，先ほどの新屋敷会員の場合と同じですが，情報をありがとうございます。ただ，いただいた情報を総合すると，先ほど大村先生が指摘されたように，労働契約法ができる

ときに，「あれほど大きな鳴り物入りで出発したのに非常に小さなものになってしまった」という批判が強かったが，どうやら改正民法もそうなりそうだと，かなり断定的に言われたことを思い出して，ご指摘の点は「ああ，そういうような方向かな」と，その一証左かなと思いました。

　二点目は，私は，「『7条』の合理性は就業規則の内容を規制する要件として機能していない」とまでは，もちろん言っていません。ただ，合理性判断の中身は，特に「7条」に関しては，「10条」と違って具体化されていません。したがって，これまでの判例法理と労働契約の形成過程におけるいろいろな議論等が解釈論の中に入り込んできて当然であるし，約款としての性格を持ち，かつ，組み入れ規定の要件も満たしたような就業規則であれば，その判断の中に約款に関する不当条項，不意打ち条項の考え方が反映されるだろうと述べました。

　その場合には，ここに川口会員も記載されているように，配転とか時間外労働のみならず，出向，降格，降級，懲戒等について，あるいは新しい解釈の在り方が展開される可能性はあるのではないかと思います。

　三点目の，そもそも約款法理が労働契約に適用されることは妥当なのか。ここで，「妥当でない」と言うと，「以上，終わり」ということになってしまいます。「適用」という言葉はともかく，約款法理が労働契約に反映され得るとしたら，どういう根拠で，あるいはどういうルートで，あるいはどういう効果が実際にもたらされるかについて検討してみたということであって，結

果的に，約款法理と労働契約はやはり峻別
されるべきだという主張があることは，も
ちろん承知しています。

野田（司会） 川口会員，よろしいで
すか。

川口（関西大学） 時間を取ってすみ
ません。合理性の判断については，もちろ
ん，約款につきこういう規定ができたら不
意打ち条項も反映するというかたちで考え
られてもいいです。しかし，それとは別に，
「労働契約法7条」の合理性とは具体的に
どういう場合に認められるのかという，労
働契約法理に内在的な解釈ももちろん十分
可能なので，指摘させていただきました。

また，約款法理は，そもそも，保険とか，
運送とか，あるいは旅行とか，不特定多数
の人を相手にした，かつ1回限りの単発的
な契約を主として念頭に置いている法理で
あり，この法理が，人間とは切り離すこと
ができない労働力が商品である労働契約に
対して，つまり，それぞれの人がいろいろ
な事情を抱えていて，基本的には，労働条
件はそれぞれの人について強行規定で下支
えされた合意で決定されるべき労働契約に
対して適用すること自体がいいのかどうか。

約款の法理にちょっといいところがあっ
て，もしかして就業規則の不利益変更でも
使えるかもしれないという，それだけのこ
とで約款法理を労働契約に適用することに
賛成していいのかどうかという疑問があり
ます。

野川（明治大学） これから川口会員
をお茶に誘って1時間議論したいところで
はありますが，両側から「時間がないぞ」

オーラが矢のように注いでいますので
（笑），今の点は検討させてください。

野田（司会） 非常に重要な，根本的
な問題だと思いますので，野川会員は原稿
にするにあたってさらに検討してください。

7 債権法改正と雇用の期間・終了

● 労契法19条と解雇権濫用法理との関係

野田（司会） 次に，武井会員に対し
て質問が1件出ています。安西愈会員から
の質問です。「雇い止めに関して。『労働契
約法第19条』は民法の特別法として雇い止
めについては同条のみが適用されると解さ
れるが，同条以外に従前どおり解雇権濫用
法理による雇い止め法理の適用があると解
するのか」という問題です。

そして，下に説明があります。「A説」
と「B説」とあって，A説は，この雇い止
めについて「労働契約法19条」と解雇権濫
用法理が従前どおり適用される。二本立て
になっているというのがA説です。B説は，
雇い止めについては「労契法第19条」のみ
が適用される。そういう両説があって，
「A説でいいのか」という質問です。武井
会員，お願いします。

武井寛（甲南大学） 質問ありがとう
ございました。私が，「触れられない」と
言った領域に触れていただき恐縮です。こ
れは，「労働契約法19条」をどのように理
解するのか。そして，その前提となってい
る雇い止め法理をどう理解するのかという
ことにかかわる問題だと思います。

抽象論としては，「労契法19条」以外の

シンポジウムの記録

雇い止めに対して，これがいわゆる権利濫用の1類型としてほかにあり得るかと問われると，抽象的には，あり得るのではないか。ただ，具体的にどういうことかと言われると，答えることはとりあえず現在のところはできませんが，そのように考えています。

野田（司会）　安西会員，何か発言があれば。

安西愈（弁護士）　多分，武井会員の立場から言うと，「両説あり」ではないかと考えます。そうしたときに，従来の権利濫用のほうでいった場合と，「19条」のみでいった場合と，法的効果が違うのではないか。そういう観点からこの二つの考えがある。「19条」は更新のみなしということですけれども，そうでないという従来の考え方からいうと，「更新のみなし」ではなく，解雇「無効」で，従前の地位がそのまま続くとの考え方もあり得る。そういう点についてどう考えるのかをお聞きしたい。この2説は，法的根拠が違うのではないかということです。

武井（甲南大学）　わかりました。ありがとうございます。おっしゃるとおり，私の今日の話の基調は，そういう可能性があるだろうということでした。従来どおりの考え方がまだ適用される余地があるとするならば，その法的効果は無効・無期説もあり得るのではないかと考えています。

安西（弁護士）　それだとしたら，鳴り物入りで「19条」の立法化をやった意味がないじゃないかというふうに，さらにお尋ねしたいです。

武井（甲南大学）　私が作ったのではありませんので……。やはり，そのような解釈の余地は残るのではないかということで，ご理解いただければと思います。

安西（弁護士）　私たち実務家としては，請求権としての要件事実の組立てにかかわってくるわけです。去年の8月10日にこの条文が施行された以降は，この「19条」一本で請求すべきではないかとも思われるものですから，この点をお聞きしました。

野田（司会）　ありがとうございました。二つの結論の関係をまた検討して論文に反映してください。野川会員，武井会員について，何かどうしてもという質問があればいかがですか。よろしいですか。

8　危険負担法理と役務提供契約

● 中間試案第42—1—(2)の「契約の趣旨に照らして」について

野田（司会）　それでは，最後の，午後の根本会員の報告に対する質問に入ります。まず，松本会員からの質問です。「労働者が反対給付を請求できる場合の『中間試案第42—1—(2)』が『契約の趣旨に照らして使用者の責めに帰すべき事由によるもの』という要件を定めていることについて，特にこの「契約の趣旨に照らして」という文言が付加されている点に注意を喚起されていましたが，その趣旨はどこにあるのでしょうか」。これが第一点です。

「『現行民法536条2項』の「債権者の責めに帰すべき事由」とは異なる結果になる

とお考えでしょうか」。引き続き第二点目の質問です。「私見では，当該個別契約の趣旨に照らせば，『使用者の責めに帰すべき事由』とは言えないというように，労働者の反対給付を請求できる場合を，今より限定し兼ねない危険性も感じます」ということです。この二点，お願いします。

根本到（大阪市立大学）　質問，どうもありがとうございます。「契約の趣旨に照らして」と言いましたが，その趣旨を全く述べていませんでした。というのは，私は，最終的には，「使用者の責めに帰すべき事由による」を修正する提案をしましたので，そう言いました。

ただし，その問題点については述べてみたいと思います。実は，中間試案が出て，この「契約の趣旨に照らして使用者の責めに帰すべき事由によるもの」という文言になったのはわかっていましたが，最初に読んだときには，正直，「契約の趣旨に照らして」についてはあまり注意が向けられませんでした。

そうしたところ，大村先生と一緒の研究会のときに，中には，「契約の趣旨に照らして」に注意深く読み込むような人もいることを教わりました。

むしろ，「契約の趣旨に照らして」という文言が付け加われば，内容を限定する危険性もあると思います。

また，「契約の趣旨に照らして」という文言は，ほかのところでも付いています。例えば，債務の不履行の規定です。この文言などにかかわって，中には，「立法に，『契約の趣旨に照らして』と書くのは果た

して妥当なのか」という批判もあると聞いています。

ともかく，危険負担の規定にこれが付くのは，松本会員の指摘のとおり，単に「使用者の責めに帰すべき事由」と書いてあるのと比べると限定するような効果も果たし得ると思いました。そう考えると，私は，むしろ，「契約の趣旨に照らして」という文言は要らないのではないかと考えています。

野田（司会）　松本会員，よろしいでしょうか。

● 民法536条 2 項は雇用の特則か？

野田（司会）　次に，川口会員から根本報告についての質問です。「『民法536条 2 項』は，これのみならず，他の労務給付契約（請負・委任・準委任）でも維持され，かつ，これを十分に意識されてこのような提案がなされています。『雇用の特則』，『雇用に関するルール』ではないのではないでしょうか」というのが第一点です。

第二点目です。「役務の提供契約の総則規定あるいは受け皿規定が置かれなかったこと，及び準委任の規定の評価は，私も同様です」。これは質問ではないですね。ということで，第一点について，雇用の特則ではないのではないかという質問です。

根本（大阪市立大学）　一点目について答えますが，二点目は，川口会員や古川会員が書いた論文を私が参考にしたので，むしろ当然だと思います。

一点目です。先ほど，ほかの人に質問されていたところでも強調していたので気に

シンポジウムの記録

はしていましたが，なぜそれをあえて雇用の特則として，今回強調したかというと，本当にほとんど似たような表現ですけれども，例えば，雇用のところでは「労務の履行」という文言が入りますし，請負であれば「仕事の完成」という文言が入っていまして，基本部分は同じでも少し意味は変わってきていると思いました。

実は，ドイツでは，民法を作ったときから，雇用の特則として定められ，その後雇用に関係した法理も発展していきました。このような点を参考にしますと，個々の契約類型に応じたかたちで危険負担的な規定が発展することもあるのではないかと考えました。このような意味で，あえて雇用の特則とか，雇用に関するルールとして定められたことを評価してもいいのではないかと思います。

野田（司会） よろしいでしょうか。

● 民法536条１項削除の妥当性

野田（司会） それでは，恐らく最後の質問です。もし何か漏れていたら，ぜひ手を挙げて発言してください。

古川会員から根本報告についての質問です。「報告では，『民法536条２項』についてしか論じていませんが，『民法536条１項』を削除することについて容認するのでしょうか。雇用契約において，使用者及び労働者のいずれにも責めに帰すべき事由なくして労務の履行が不能である場合，賃金請求権は生じませんが，その法的根拠について，『注釈民法』（有斐閣）では，『民法536条１項』としています」。幾代（通）注

釈ということです。

「しかるに，中間試案では，『536条１項』の規定を削除し，契約解除により反対給付をなす義務を消滅させることが提起されています。この提起に対し，パブリックコメントでは，『継続的契約について契約解除しなければ反対給付の義務が消滅しないとするのは不都合である』との意見が出され，目下，法制審での重要な検討課題の一つになっています。『536条１項』の削除を認めるのか否かについて，可能であれば見解をお示しください。

なお，『民法624条』については，条文の表題にもあるとおり，報酬の支払い時期に関する規定であり，報酬発生要件を定める規定ではないと解するのが一般的であり，『536条１項』を代替するものではないと解します」という指摘です。「なお」の前までが質問だと思います。お願いします。

根本（大阪市立大学） どうもありがとうございます。「536条２項」について検討していて，「536条１項」はあまり深く考えていなかったので，単純に，私は，削除で妥当なのではないかと思っていました。しかし，古川会員から指摘されたような問題があるということを知りましたので，もう一度よく検討してみたいと感じています。意見をいただき，本当にありがとうございました。

野田（司会） よろしいですか。ありがとうございました。質問用紙でいただいた質問は以上です。

● 有償準委任の受任者選択における考慮要素

野田（司会） ほかに特に何か発言があれば，いかがでしょうか。お願いします。

濱口桂一郎（労働政策研究・研修機構）

時間のないところで申し訳ありません。JILPT（労働政策研究・研修機構）の濱口（桂一郎）です。根本会員の最後の頁，有償準委任の解除できる要件のところで，「知識，経験，技能その他の当該受任者の属性が主要な考慮要素になっているもの」というのが，「客観的な識別が可能なのか」という疑問を出されています。

そもそも，準委任であれ，雇用であれ，よほどの単純労働でない限りは，知識，経験，技能その他の受任者の属性というのは，労働者を特定する上で主要な要素になるのが普通なので，準委任の規定にこういうのが入るのは，もちろん，直接的には雇用には適用するものではないと言っても，一定の影響はありうるのではないか。つまり，その属性に着目してその人を選んだのだから，準委任であれ雇用であれ解除には同じ考え方が適用される……という議論がありうるのではないか。これは，根本会員の文章を見て初めてこういう問題がありうることに気が付いたのですが，どういうふうにお考えなのかという質問です。

根本（大阪市立大学） ありがとうございます。むしろ，今，濱口会員から言われて，さらに気付かされたと感じています。時間の関係もありますので，この点についてはさらに検討してみたいと思います。

野田（司会） たくさんの質問をいた

だき，ありがとうございました。それでは，質疑応答というかたちでのシンポジウムはこれで終了させていただきます。

東京大学の大村先生には，最後まで残って議論を聞いていただきました。そこで，質疑応答のシンポジウムをお聞きいただき，感想とかコメントがあれば，さらによろしくお願いします。

大村敦志（東京大学） 東京大学の大村です。先ほどコメントをさせていただいたのでもう付け加えることは特にありませんが，ご指名ですので，少しだけお時間を頂戴いたします。

まず初めに，ご質問の中で私の発言に言及された方もおられましたので，その点について補足します。立法のプロセスをどう見るかということについて述べましたが，それは私の個人的な見方であって一般的な見方かどうかはわからないということを申し上げておきたいと思います。

その上で改めて申し上げますが，私たちは，労働契約について何か実質的に内容を変えようと思っていたわけではありません。今回の債権法改正が始まったときには，民法学者の中に同様に考えていた人が多かったのではないかと述べました。そのあと，法制審が始まって，労働関係の方々から，「そういうスタンスであっても抵触するところが出てくるのではないか」という意見が出されて，具体的な問題の検討がなされてきたと思います。

その際に私たちは，労働法に関する実質的な判断はなし得ませんので，その点については関係の方々のご意見を尊重した上で，

シンポジウムの記録

法制審の議論においては，民法の法理との間で本当に抵触が生じているのだろうかどうかを考えてきたつもりです。あれこれの問題につき，「一般原則でも問題ないのではないか」と民法関係の委員が言うこともあります。「問題なし」ということであれば，それでよろしいわけですが，「問題あり」ということであると，例外を設けることが必要になります。その場合には，例外を作るという方向で議論をしてきたのではないかと思います。

こうした検討のプロセスは，今日の学会でもそうでしたが，私たち民法学者にとっては非常に有益なものだと思います。先ほど「法制審なんかでやらないで，よそでやったほうが効率的だ」という話がありました。法制審の委員の山川会員もいらっしゃいますが，法制審では労働法の見方を示して，「民法の一般原則では困る」ということを言っていただく。ご説明をいただければ，困る実質的な理由は私どもにもわかります。それを伺った上で，ルールにするときにどうするのか，どういうルールを作ることが一般原則との関係で座りがいいのかを議論しているのではないかと思います。そういうかたちで，民法と労働法の接合を図っているのが，今まさに行われている作業の意義なのではないかと思っています。

そう言いながら，若干の留保をしておいたほうがいいかもしれません。先ほどから，民法学者の側は，「自分たちは黒船だ」という意識がない，「黒船ではない」と思っていたとも申し上げました。ところが，だんだん議論をしていると，民法学者は労働法に少しずつ関心を持ち始めており，「何か，労働法を含めて考えたら面白いことがあるかもしれない」という学者的な気持ちが芽生えてきているところがあります。そうなりますともしかすると今後は，本当の黒船になるかもしれない見解も出てくるのではないかという印象を抱きます。

本日の皆さまの議論を聞いていると，黒船というのはどういうイメージなのかがよくわかりました。「来てもらっては困るものだ」という印象を持っている方が多いのかと思っていましたが，「これは好機だ，よい機会だ」と考えている方々もいらっしゃると感じました。

さらに申し上げると，一方に「これは危機だ」という方々がいて，他方に「これは好機」だという方々がいるというように，二分されているかというと，必ずしもそうではない。確かに，危機となる部分については，止まってもらわなければ困る。しかし，好機については，黒船は行ってしまったのかもしれないけれども，労働法学の側でむしろこの機会を積極的に引き受けたい。そういうかたちでお考えになっているということがわかりました。異なるものが接触するのは，決して悪いことではない。一言で言うと，黒船という言葉が持っている積極的な意味が，徐々に私にはわかってきたという印象を持っています。雑駁ですが，以上で失礼いたします。

石田（司会＝早稲田大学）　大村先生，どうもありがとうございました。それでは，以上でシンポジウム全体を閉じさせていただきます。最後に付け加えることはありま

せんが，大村先生のコメントの中で私が大変印象深く思ったのは，「民法が社会の構成原理であろうとすると，労働を視野の外に置くことは適当ではないことは確かである」という点です。コメントの最後に「学際」ということも提起をされ，そういう意味では，民法学と労働法学の対話が大変重要だと思います。

これは，債権法改正だけではなくて，ただ，そういうことがあることによって，実は，その対話を進める一つの基盤があるので，審議の過程自身はさまざまな要素があってなかなか窮屈なこともあるかもしれませんけれども，こういう学会の場ではオープンに自由に議論ができるので，ぜひこれを機会に，民法学と労働法学の対話が学会レベルでさまざまなかたちでできたらいいと思います。

今日は長時間本当にどうもありがとうございました。これで第126回日本労働法学会を閉じさせていただきます。

（終了）

個 別 報 告

イギリスにおけるハラスメントの救済　　　　　　　　　　　　　　　　内藤　　忍
　　──差別禁止法の直接差別から平等法26条のハラスメントへ──

イギリスにおけるハラスメントの救済

――差別禁止法の直接差別から平等法26条のハラスメントへ――

内 藤 　 忍

（労働政策研究・研修機構）

I　はじめに

　職場のいじめ・嫌がらせ，パワーハラスメント問題が近年急速に社会問題として顕在化している。例えば，全国の都道府県労働局に寄せられる労働相談の内訳をみると，「いじめ・嫌がらせ」の相談は，平成14年度には6,627件と全体の5.8％ほどであったものが，平成24年度には約51,670件（17.0％）に増加しており，23年度まで最も多かった「解雇」を抜いて第1位となっている。また，裁判や労働審判においても，職場のいじめをめぐる事件が増えている。

　2008年度と2011年度に都道府県労働局が対処したいじめのあっせん事案約550件の内容に関する労働政策研究・研修機構の調査によれば，労働局に寄せられたいじめ事案のなかに，性別，障害，年齢等の一定の保護特性に関連するいじめ行為の事案が少なからず含まれていることがわかる[1]。日本においては，男女雇用機会均等法が「職場における性的な言動」を規制対象とするにとどま

---

1)　例えば，性別に関連するものとしては，「何だ，その太い足は」「デブはクビだ」「お前がスカートなんて信じられない」などの発言をされる，シングルマザーの労働者が上司から「付き合っている人がいるという噂があるが，その人と結婚するのか」などの質問をされる，名前ではなく「おばはん，ばばあ」などと呼ばれるなど。これらは，都道府県労働局が取り扱ったいじめのあっせん事案における実際の内容の一部である。内藤忍「第3章　労働局のあっせん事案にみる職場のいじめ・嫌がらせ・ハラスメントの実態」『個別労働関係紛争処理事案の内容分析――雇用終了，いじめ・嫌がらせ，労働条件引下げ及び三者間労務提供関係』労働政策研究報告書 No. 123（労働政策研究・研修機構，2010年）及び『職場のいじめ・嫌がらせ，パワーハラスメントの実態――個別労働紛争解決制度における2011年度のあっせん事案を対象に』資料シリーズ（労働政策研究・研修機構，近刊）。

日本労働法学会誌123号（2014.5）　135

個別報告

っているが，実際には，セクシュアルハラスメント以外の保護特性に関連する
ハラスメントの問題が，日本の職場には少なからず発生しており，いじめの紛
争として顕在化しているのである。

この実態から，日本における職場いじめに関する法的規制を構想するにあた
っては，一定の保護特性に関連するいじめとそれには関連しないいじめの実態
を明らかにしたうえで，具体的に法的課題を検討する必要がある。この検討に
おいては，第一に，日本の職場においていじめやハラスメントとして問題とな
っている行為を把握し，第二に，それらの行為に対する現行の法規制とその問
題点・限界を明らかにする。そして，第三に，そうした問題点を克服するため
に，諸外国の法規制も参考にしながら，特に，保護特性に関連するいじめとそ
うでないいじめについて，それぞれどのような法規制を持つべきなのかを検討
する。第一と第二の検討課題について既に研究を進めており，本稿では第三の
課題に関する基礎的研究として，1970年代からハラスメントの救済を主として
差別禁止法に依拠してきたイギリスを取り上げる。同国においては，近年，包
括的な平等法である2010年平等法（Equality Act 2010）を成立させており，ハ
ラスメントの規定にも発展を見せている。

イギリスでは1975年に現在の平等法制の元となる性差別禁止法や人種関係法
が制定され始めた。これらの法には当初，ハラスメントの規定が存在しなかっ
たため，性や人種に関するハラスメントについては，直接差別の規定に依拠し
て救済を求めることとなった。しかし，直接差別の規定を用いるということは，
主に二つの救済上の困難な問題に直面することになった。

一つは，ある者に対する差別と判断するためには，当該者と比較可能な対象
者が必要だという点である。この要件を満たせないためにハラスメントの訴え
が退けられるということがしばしば起こった。もう一つの問題は，差別禁止諸
立法の「直接差別」の定義上，差別となる行為は「不利益取扱い」であるとい
う点である。裁判所は，性的もしくは人種的な嫌がらせ的言動によって苦痛が
生じたケースにおいて，このような言動が原告にとっての「不利益取扱い」に

---

2) 労働政策研究・研修機構・前掲注1）資料シリーズ及び『職場のいじめ・嫌がらせ問題に
関する比較法研究』労働政策研究報告書（労働政策研究・研修機構，近刊）。

当然に相当するとは判断してこなかった。

その後，2000年代前半より，EU の指令によって，ハラスメント規定の導入が EU 加盟国に求められることになり，イギリスにおいても国内法化への対応が迫られることとなった。また，各種の保護されるグループに関して制定されてきた差別禁止の法律や規則を，包括的な平等法に一本化しようとする動きも同時に起こった。イギリスにおいては，このような差別禁止法の改正の機会を通じて，上記のハラスメント救済に係る二つの課題を解決しようとしてきた。

本稿は，イギリスがこれらの課題をいかなる方法で克服してきたのかについて確認し，現段階の平等法制における保護特性に関連するハラスメントの救済に関しての考察を試みるものである。

II　差別禁止法の直接差別規定に依拠したハラスメント救済

1　直接差別規定による救済

イギリスにおいて最初に問題となったハラスメントは，セクシュアルハラスメントであり，労働審判所においては1970年代後半からこれに関する審判例がみられるようになった。セクシュアルハラスメントに関する救済は，第一に，みなし解雇（constructive dismissal）の法理による方法，そして，第二に，1974年労働安全衛生法（Health and Safety at Work etc Act 1974）上の使用者の「安全で健康な労働条件提供・維持義務」違反として争うという方法がまず考えられた。

第一のみなし解雇とは，不公正解雇制度上の解雇の一つで，使用者の一定の行為を理由として労働者が退職する場合，その退職が使用者側に起因するものとして，法的には解雇として取り扱おうとするものである。しかし，みなし解雇の法理に関しては，不公正解雇制度上，一般的には補償金の支払いにとどまることが多く，必ずしも原職復帰もしくは再雇用命令が出されるとは限らないということ，それから不公正解雇を申し立てられる前提条件として，1年などの一定の勤続期間が必要とされていることなどから，セクシュアルハラスメントの救済措置としては不十分であった。第二の労働安全衛生法上の使用者の義

個別報告

務違反として争うという方法に関しては，使用者を処罰することは可能であるとしても，労働者に対する救済については，どのようなものが可能であるかが明らかではなかった。したがって，セクシュアルハラスメントは，第三の救済手段として，性差別禁止法違反を争点に争われることが多くなったのである。

そこでまず，セクシュアルハラスメントに関するイギリスの1975年性差別禁止法（Sex Discrimination Act 1975）の当初の規定をみていく。同法はまず，「女性の性を理由として（on the ground of her sex），男性を取り扱う又は取り扱うであろうよりも不利に（less favourably）女性を取り扱う」ことを女性に対する差別とし（1条1項a号），また，「昇進，配転又は訓練の機会その他すべての利益，便宜又はサービスの提供に関し，これらを彼女に認めることを拒否し若しくは故意に怠ること」（6条2項a号）のほか，「解雇又はその他の不利益（detriment）を課すこと」（同b号）により，女性を差別することを違法としていた。性差別禁止法には当時ハラスメントの明文規定は存在しなかったため，セクシュアルハラスメントを受けた女性は，この直接差別の規定に依拠して救済を求めることになった。

また，人種を理由とするハラスメントについても，人種に関する差別禁止法である1976年人種関係法（Race Relations Act 1976）にハラスメントの規定が存在しなかったため，人種に関するハラスメントの被害者も，同法に規定する人種を理由とする直接差別にあたることを立証する必要があった。

2　直接差別規定による救済の問題点

しかし，前述のように，ハラスメントの救済に直接差別の規定を用いることには，主に二つの救済上の困難な問題があった。例えば，セクシュアルハラスメントの場合には，第一に，性差別禁止法1条1項a号における，女性であるとの「性を理由として」という部分，そして，第二に，同号の「不利に取り扱う」ことを禁止する部分と6条2項b号の「解雇又はその他の不利益」に該当するか否かの部分であり，この直接差別規定に依拠するには，これら二要件を立証することが前提となる。

第一の点については，性差別禁止法等の規定する直接差別とは，男女もしく

は特定の人種グループとそれ以外に異なる基準が適用されることを意味する。例えば、セクシュアルハラスメントであれば、女性に対して男性とは異なる取扱いがなされたということを立証しなければならないということになる。つまり、比較対象者の要件が存在するということであり、男女に同様のハラスメントが行われた場合には、性差別禁止法上の救済は得られないことになる。

第二の問題点については、差別禁止法が直接差別に関して禁止する行為が「不利益取扱い」であることから、どのようなハラスメント行為がこれに該当するかという問題である。労働審判所は、解雇や昇進拒否のような雇用上の具体的な不利益ではないが、例えば威嚇的、敵対的、もしくは不快な労働環境を惹起するような行為について、これが「不利益取扱い」に該当するかについては慎重な姿勢にとどまり、結果的にハラスメントの直接差別による救済が壁に突き当たったのである。

(1) 比較対象者の要件に関する判例

ハラスメントの救済を差別禁止法に求める上でのこれらの二つの問題に関連して、セクシュアルハラスメントのリーディングケースである1985年のPorcelli事件判決[3]とその後の判例を紹介する[4]。Porcelli事件は、公立学校の科学実験技師として雇用されていた原告のMs Porcelliに対し、あとから採用された2名の男性技師が、彼女を学校から追い出すことを目的に性的な嫌がらせを行ったケースである。具体的には、彼女に対し卑猥な発言をしたり、体に触れたり、雑誌のヌード女性の身体と彼女を比較してコメントする等の行為を行った。原告は、これが性差別禁止法6条2項b号の「不利益」に該当すると主張して、補償金の支払いを求める訴えを労働審判所に起こした。

本件では、これらの嫌がらせ行為が性差別禁止法にいう「性を理由とした」、

---

3) *Porcelli v Strathclyde Regional Council* [1986] IRLR 134.
4) 直接差別規定に依拠したセクシュアルハラスメントの判例動向については、山田省三「イギリス労働法におけるセクシュアル・ハラスメントの法理(1)(2)」中央学院大学法学論叢3(1)及び(2)(1990年)、山崎文夫『セクシュアル・ハラスメントの法理〔改訂版〕』(労働法令、2004年)124頁以下、浅倉むつ子『男女雇用平等法論──イギリスと日本』(ドメス出版、1991年)504頁以下、奥山明良「EU諸国におけるセクシュアル・ハラスメントの法規制」ジュリ1147号(1998年)に詳しい。

個別報告

「不利益取扱い」に該当するかが争点となった。一審の労働審判所は申立てを棄却したが，二審の雇用控訴審判所（EAT）は，原審の決定を覆し，セクシュアルハラスメントが行われ，それが申立人に不利益をもたらしたことが立証された場合には，性差別禁止法に違反するという決定を下した。上級審のスコットランド控訴裁判所は，男性同僚が申立人に対してだけでなく他の男性に対してもこうした行為を行ったはずであるからセクシュアルハラスメントではないとした労働審判所の判断を誤りとし，嫌がらせ行為に性的要素が含まれていれば，それは性差別禁止法の禁止する「性を理由とする」不利益取扱いである，と判断した。この控訴裁判決は，比較対象者要件の第一の問題に関し，相当程度広範囲のセクシュアルハラスメントについて直接性差別に該当する可能性を開いたと言える。本判決以降，職場のセクシュアルハラスメントは同法違反の性差別の一類型と理解されるようになった。

しかし，2003年の Pearce 事件貴族院判決[5]等のその後の判決においては，比較対象者に関し，より限定的なアプローチが取られることになった。同判決においては，レズビアンであるがゆえに原告が受けたセクシュアルハラスメントは，ゲイの同僚も相当程度同等に経験し得るものであるという理由で，性差別の訴えが退けられている。

(2) 「不利益」の解釈に関する判例

Porcelli 事件は，女性が不快な労働環境にさらされる，環境型のセクシュアルハラスメントの事件であった。この点に関し，同事件控訴裁判決の首席裁判官は，直接差別に該当するかどうかにあたって判断されるべきである，性差別禁止法6条2項b号にいう「不利益（detriment）」とは，単に「不利（disadvantage）」を意味するとした。この判示によれば，ハラスメントが雇用上の具体的な不利益をもたらすもの（例えば対価型のセクシュアルハラスメント）でない場合でも，その行為が申立人の環境を悪化させ，何らかの「不利」をもたらしたということが立証できれば，裁判所はこれを性差別禁止法の「不利益」に該当するとして，直接差別と解することができることになる。Porcelli 事件判決

---

5) *Pearce v Governing Body of Mayfield School* [2003] IRLR 512.

においては，「不利益」該当性の解釈に関する判示についても重要な意義があった。

　しかし，その後の労働審判所等の「不利益」該当性に関する判断は統一されたものとはならなかった。1995年の Insitu Cleaning 事件[6]は，男性マネージャーからミーティングの席で自分の胸の大きさに関する性的な発言を受けた原告が発言を不快に感じ，セクシュアルハラスメントであるとして性差別を申し立てたケースである。男性は，原告がそれまで男性の言動に不満を示したことはなく，自分は当該発言が「望まれない（unwanted）」ものとは認識していなかったと抗弁したが，EAT は，後述する1991年の欧州委員会の勧告や行為準則がセクシュアルハラスメントを「望まれない行為」（unwanted conduct）と定義していることに言及し，一回きりの性的発言や行為であっても，被害者がそのように認識する行為であって，その性質や内容において十分重大と判断される場合には違法な性差別の成立が肯定されうると判示し，当該事件における言動について，性を理由とする「不利益」に該当する十分重大なものだとした。同判決は，望まれない行為が性的な性質のものである場合，たとえ一回きりのもので侮辱の意図がなかったとしても，原告自身が侮辱されたことを示せば，差別を立証しうることを示唆した。

　一方，Porcelli 事件直後の1985年に控訴院（CA）で争われた人種差別に関する De Souza 事件[7]においては，人種的な侮辱発言は，人種差別となりうるものであり，原告は侮辱的と感じたが，「合理的な労働者（reasonable employee）」のテストが適用されなければならないとした。そして，当該発言は，その発言をした人が本人に聞かれると思っていなかった場合には，「不利益」に該当しないと判示した。

　このように，Porcelli 事件以降は，被害者の認識を中心に据えて不利益性を判断した Insitu Cleaning 事件や，被害者の反応や認識がその判断に影響するかどうかについて言及しない De Souza 事件のような判決が存在していた。両事件の違いは前者が性，後者が人種に関する事案であるという点であり，すな

---

6) *Insitu Cleaning v Heads* [1995] IRLR 4.

7) *De Souza v Automobile Association* [1986] IRLR 103.

個別報告

わち，このとき，どのような嫌がらせ行為が直接差別となる不利益取扱いに該当するかという点において，セクシュアルハラスメントと人種的ハラスメントのアプローチのしかたに差異が生じていたのである。

Ⅲ　差別禁止法へのハラスメント規定の導入

1　EU の指令等によるハラスメント規定の導入

上述したように，性と人種を理由とするハラスメントの救済を差別禁止法の直接差別に求める方法では，判例上，二つの問題が生じていた。このようなイギリスの事態に変化をもたらしたのは，EU による加盟国に対する各種の保護特性グループへのハラスメントの明文規定導入の要請であった。EU では1980年代後半から，セクシュアルハラスメント問題の防止に向けて積極的な対策を検討するようになっていた。1990年に閣僚理事会が，「職場における女性及び男性の尊厳（dignity）の保護に関する決議」を採択したことを受けて，欧州委員会は翌1991年，「職場における女性及び男性の尊厳の保護に関する勧告」[8]を採択し，あわせて，「セクシュアルハラスメントに関する行為準則」を発表した。

同勧告では，上司と同僚の行為を含む，性的な性質の行為，又はその他の性に基づく行為で，職場における女性と男性の尊厳に影響を与える行為が許容されない場合について，(a)そのような行為が，その行為を受ける者にとって望まれず（unwanted），不合理で（unreasonable）不快な（offensive）ものであり，(b)使用者又は労働者の側で，そのような行為に対する労働者の拒否又は承諾が，明示的に又は暗黙に，その人の職業訓練，雇用へのアクセス，雇用の継続，昇進，賃金又はその他の雇用に係る諸決定へ影響がある決定の理由として使われ，かつ／又は（and/or），(c)そのような行為が，その行為を受ける者にとって，脅迫的な（intimidating），敵対的な（hostile），又は屈辱的な（humiliating）就労環境を作り出すものである場合とし，その意識向上に向けた行動をとることを

8）　Commission Recommendation of 27 November 1991 on the protection of the dignity of women and men at work（92/131/EEC）.

加盟国に勧告した。

　この勧告は，「尊厳」「不合理」「不快」「屈辱」といった概念を用いており，このことは，EUにおけるハラスメントの理論が，アメリカのセクシュアルハラスメントの理論より，はるかに広く基礎づけられたことを反映しているとされる[9]。また，この勧告は，法的定義に関する第2条において，明確に被害者の認識が重要であるとした。

　2000年になると，「人種民族均等指令[10]」と，宗教又は信条，障害，年齢又は性的指向に関する「雇用均等一般枠組み指令[11]」が採択され，その2年後には，「男女均等待遇指令 (76/207/EEC)」が改訂された[12]。これらの指令は，人種・民族，宗教・信条，障害，年齢，性的指向，性別といった保護特性に関連するハラスメント及びセクシュアルハラスメントを，差別の一形態とみなし，国内法に定義することを求めた。イギリスにおいては，これらの勧告や指令等に基づき，2003年人種関係法（修正）規則により人種関係法3A条へ，そして，2005年雇用平等（性差別）規則により性差別禁止法4A条へ，ハラスメント規定が導入されるに至った。

2　比較対象者要件等の問題点に対する影響

(1)　比較対象者の要件における変化

　ところが，これらのEUの指令においては，（性や人種等に）「関連した」(related to) との文言が用いられていたのに対し，イギリスの国内法化にあたっては，直接差別の規定と同様の（性や人種等を）「理由とした」(on the ground

---

9)　アリソン・ウェザーフィールド「性と人種を理由とするハラスメント──イギリスのアプローチ」日本労働研究雑誌574号（2008年）34頁参照。

10)　Council Directive 2000/43/EC of 29 June 2000 implementing the principle of equal treatment between persons irrespective of racial or ethnic origin.

11)　Council Directive 2000/78/EC of 27 November 2000 establishing a general framework for equal treatment in employment and occupation.

12)　Directive 2002/73/EC of the European Parliament and of the Council of 23 September 2002 amending Council Directive 76/207/EEC on the implementation of the principle of equal treatment for men and women as regards access to employment, vocational training and promotion, and working conditions.

個別報告

of）という文言を採用したため，比較対象者の要件を厳格化するものとして研究者から批判が相次いだ[13]。

そして2007年，イギリスで性差別問題を取り扱う独立行政委員会のEOC（機会均等委員会）は，性差別禁止法4A条に導入されたハラスメント規定の司法審査を求めて高等法院に訴えを提起した。高等法院は，4A条の（性や人種等を）「理由とした」との文言は指令に反していると判断し，2008年，同条のon the ground ofはrelated toへと改正されることになった。ただし，EOCは性差別のみを取り扱う機関であったため，性差別禁止法のみが司法審査の対象となり，人種関係法のハラスメント規定に関しては2010年平等法まで改正されなかった。

ところで，EUでは1990年の欧州委員会の勧告で初めて「人の尊厳（dignity）の侵害」というハラスメント概念が産み出され，そして2000年以降の指令に引き継がれて，各加盟国の規定に導入されたが，このdignity概念が比較対象者の必要性を排除するものであったとイギリスのFredmanは評価している[14]。Fredmanによれば，イギリスにおいては，このdignity概念が，セクシュアルハラスメントの禁止を達成するように直接差別の原則を変化させることにおいて，不可欠な要素であった。

EUの諸指令においては，ハラスメントを差別の一形態ととらえているが，イギリスの性差別禁止法等に創設されたハラスメント規定にはそのような「差別」であるとの言及がないことについて，Deakinらは，「その限りにおいて，これらの新しいハラスメントの形式は，独立した違法行為のようにみえる……しかし，ハラスメントが一定の保護特性に関連することを示す必要が未だあるのだから，新規定によって比較要素が完全になくなったと解釈されるべきではなく，むしろ，今後は比較プロセスをとるか否かの裁量が裁判所に，より大き

---

13) Lizzie Barmes, Constitutional and Conceptual Complexities in UK Implementation of the EU Harassment Provisions, (2007), 36 *ILJ* 452 and Linda Clarke, Harassment, Sexual Harassment, and the Employment Equality (Sex Discrimination) Regulations 2005, (2006), 35 *ILJ* 167.

14) Sandra Fredman, *Discrimination Law,* second edition, Oxford University Press, 2011, pp. 228.

く委ねられたと解釈されるべきであろう」と述べる。[15]

(2) 禁止されるハラスメント

性差別禁止法4A条にあるように，セクシュアルハラスメントを含むハラスメントとは，「人の尊厳を侵害し，又は (or)，脅迫的な，敵対的な，品位を傷つける (degrading)，屈辱的な，若しくは不快な環境を生じさせる，目的又は効果を有する，その人の性に関連した望まれない行為 (unwanted conduct) が生じた場合」であるとした。すなわち，目的又は効果について，「尊厳の侵害」と「脅迫的等の環境を生じさせること」の要件を選択的とした。これは人種等に関するハラスメント規定についても同様である。

この点について，性のハラスメントに関する1990年の欧州委員会勧告では「and/or」という文言を用い，両方を要件としていなかったが，2000年以降のEUの人種民族均等指令，(宗教・信条等に関する) 雇用均等一般枠組み指令，(性に関する) 均等待遇修正指令 (2002/73/EC) では，両要件を and で結び，両方を要件としており，EU レベルではハラスメントの要件に一貫性がなかった。一方，イギリス国内の判例法には，上述したように，性と人種のハラスメントの判断基準における差異，つまり，性に関する事案では，原告の認識が重要視されるのに対し (例えば Insitu Cleaning 事件)，人種に関する事案においては，それが重視されない (例えば De Souza 事件) という問題が存在していた。

そこで，2003年以降のハラスメント規定の導入にあたって，イギリス労働党政権は，これらの問題を解消するために，性と人種のハラスメントに関する判断の間に存在する差異を一掃し，かつ，これまでの判例上確立された基準 (すなわち，前述の性に関する Insitu Cleaning 事件の基準) を後退させない道を選んだ。すなわち，性か人種かに関わらず，すべての保護特性のハラスメントの要件に関し，「尊厳の侵害」と「脅迫的等の環境を生じさせること」の要件を選択的とした。この結果，一定の言動のハラスメント該当性の範囲が広がり，ハラスメントの申立人の立証に係る基準は，EU の定義における要求水準よりも低くなったのである。

---

15) Simon Deakin and Gillian Morris, *Labour Law*, fifth edition, Hart Publishing, 2009, pp. 584.

個別報告

Ⅳ　2010年平等法におけるハラスメント規定

　2010年になると，これまで点在していた各種の差別禁止法を包括する単一の差別禁止法として2010年平等法が成立した。同法が成立する前，差別禁止諸立法は，社会に存在するさまざまな差別を網羅的に対象とするに至っていた。しかし，保護特性ごとに差別を禁止するというアプローチには，いくつかの問題が存在していた。

　第一に，その制定経緯から，ある場合は法律（例えば性差別禁止法や人種関係法）で，ある場合には規則（例えば，2006年雇用平等（年齢）規則）と，規制手法が保護特性によりさまざまであり，差別の定義も，立法ごとに別個に規定されてきていた。[16]このことは，保護特性間の保護内容に差異を生み出す「平等のヒエラルキー」という状況を生じさせていた。そして第二に，保護特性ごとのアプローチの限界は，複合的差別の事案で一層明らかになっていた。二つの保護特性が相互に影響していても，特性ごとに個別に判断せざるを得ないからである。第三に，差別が複雑化，多様化する中においては，単に差別を禁止しただけでは，社会に存する不合理な格差を是正していくことは不可能であるから，構造的な差別への積極的な働きかけをしていかなければならないという考え方があった。約10年間にわたる議論の末，これらの問題を克服するために2010年平等法が導入された。

　2010年平等法では，26条に，年齢，障害，性転換，人種，宗教又は信条，性別，性的指向に関するハラスメントの規定をおいた。同法のハラスメント規定は，独立した違法行為とされており，条文構成上，禁止される行為（Prohibited conduct）の一つとして列挙された。[17]「差別」ととらえる旨の言及はないこ

---

16)　これらの指摘については，宮崎由佳「イギリス平等法制の到達点と課題」日本労働法学会誌116号（2010年）124頁以下参照。

17)　このようにハラスメントを独立した違法行為として規定することについては2000年にHepple らが提言していた。Bob Hepple, Mary Coussey and Tufyal Choudhury, *Equality: A New Framework — Report of the Independent Review of the Enforcement of UK Anti-Discrimination Legislation*, Hart Publishing, 2000, pp. 40.

とに加え，同法における最大の特徴は，条文上，禁止される行為の中では，「差別」と別のカテゴリーである「その他の禁止される行為」(Other prohibited conduct) に類型化され，直接差別や間接差別の概念とは明確に区別されている点であるといえる。そのほか，それまでハラスメントの規定を持たなかった保護特性（性転換）をも対象とし，かつ，すべての保護特性に関し，同一のハラスメント定義・要件を用い，保護特性間の差異を取り除いた。

Deakin らは，以前の解釈と同様に，ハラスメントが一定の保護特性に関連することを示す必要が未だあることから，新規定によって比較要素が完全になくなったわけではないとするものの，申立人とあらゆる観点で似た立場にある比較対象者が必要であるという要件についてはもはや不要であるとする[18]。また，上述したように，2003年以降は文言上，保護特性との関連性を示せば足りる上，特に，2010年平等法以降は，条文上，ハラスメント規定と，直接差別や間接差別の規定の類型を明確に分けた。実際，Collins らも，同法26条にもとづくハラスメントの訴えにおいては比較対象者の要件はないと明確に述べるようになったのである[19]。これまで法解釈と法改正を通じ，差別禁止法制におけるハラスメントの救済上の問題を解消してきたイギリスであるが，2010年平等法の制定により，最大の問題であった比較対象者の要件を完全に不要とするに至ったと解するのが適当であろう。

V　おわりに

本稿では，イギリスにおいて，1970年代後半以降，差別禁止法制におけるハラスメントの救済上存在していた「比較対象者の要件」および「ハラスメント該当性」をめぐる問題点がどのように解決されてきたかをみてきた。本稿の考察をまとめると，第一に，比較対象者の要件により，被害者が受けた取扱いが

---

18) Simon Deakin and Gillian Morris, *Labour Law*, sixth edition, Hart Publishing, 2012, pp. 649.

19) Hugh Collins, Keith Ewing and Aileen McColgan, *Labour Law* (*Law in Context*), Cambridge University Press, 2012, pp. 341.

個別報告

保護特性に十分基づいていないとして棄却される事案が相次いだことから，EU指令の国内法化の過程を通じ，「(性や人種等を) 理由とする」という文言から「関連する」という文言に変更し，要件の緩和を図った。また，EUにおけるdignity概念をハラスメント規定に導入することによっても，比較対象者の要件は緩和され，さらに，2010年平等法にいたって，条文上，ハラスメントを独立した違法行為とし，差別との明確な区別を図ったのである。

　第二の「どのような (ハラスメント) 行為が禁止されるのか」という問題については，判例上，性の事案か人種の事案かで判断が分かれるという事態になっていたところ，セクシュアルハラスメントを広い範囲で認めてきた判例法理を基準に，「尊厳の侵害」と「脅迫的等の環境を生じさせる」のどちらかを満たせばよいことを明文化し，より広範にハラスメントを認める傾向にあると評価できる。

　冒頭で述べたように，この研究は，日本における職場いじめの法政策を検討するにあたって，一定の保護特性に関連するいじめとそうでないいじめのそれぞれについて，いかなる立法規制のもとにおくべきなのかを検討する必要があると考えて始めたものであった。日本への具体的示唆を述べる段階ではないが，もしも日本において，一定の保護特性を理由とする，もしくは関連するハラスメントの規定の導入が今後検討されるとすれば，イギリスの経験は大きな手がかりとなるのであろう。これから出てくるであろう2010年平等法のハラスメント規定を根拠に争う事案を含め，今後のイギリスの保護特性に関連するハラスメントの救済に引き続き注目していきたい。

（ないとう　しの）

回顧と展望

「今後の労働者派遣制度の在り方に関する研究会報告書」を中心とする
　　最近の派遣法改正論議について　　　　　　　　　　　　　　　沼田　雅之

解雇が無効とされて復職した直後における年休権発生の有無　　　戸谷　義治
　　──八千代交通（年休権）事件・最一小判平25・6・6労判1075号21頁──

労災保険法上の給付を受ける労働者に対して打切補償を支払って
　　行われた解雇の有効性　　　　　　　　　　　　　　　　　　佐々木達也
　　──専修大学事件・東京高判平25・7・10労判1076号93頁──

「今後の労働者派遣制度の在り方に関する研究会報告書」を中心とする最近の派遣法改正論議について

沼 田 雅 之

(法政大学)

I 労働者派遣をめぐる最近の政府内の議論状況

2012年3月に改正労働者派遣法が成立した際に，衆参の厚生労働委員会で附帯決議[1]がなされた。これを受けて，厚生労働省職業安定局派遣・有期労働対策部内に「今後の労働者派遣制度の在り方に関する研究会」(座長：鎌田耕一東洋大学法学部教授) が設置され，2012年12月以降鋭意検討がおこなわれた。その結果，2013年8月20日に報告書 (以下，「在り方研報告」と略す。) がとりまとめられた。

これとは別に，2013年1月に設置された規制改革会議でも，労働者派遣の問題を含む雇用の問題が議論の対象とされた。規制改革会議内に，鶴光太郎慶應義塾大学大学院商学研究科教授を座長とする，雇用ワーキング・グループが置かれ (以下，雇用WGと略す。)，議論の結果が2013年5月19日に雇用WG報告書としてとりまとめられた。さらに，2013年6月5日，この報告書の骨子が規制改革会議の答申 (「規制改革に関する答申～経済再生への突破口～」) の中に取り入れられ，2013年6月14日に「規制改革実施計画」として閣議決定された。この閣議決定において，労働者派遣の問題は，「Ⅱ分野別措置事項」の「4雇用分野」で，「下記の事項を含め，平成25年秋以降，労働政策審議会において議[2]

---

1) 平成23年12月7日衆議院厚生労働委員会，平成24年3月27日参議院厚生労働委員会の附帯決議には，「いわゆる専門26業務に該当するかどうかによって派遣期間の取扱いが大きく変わる現行制度について，派遣労働者や派遣元・派遣先事業主に分かりやすい制度となるよう，速やかに見直しの検討を開始すること。」とする一文が含まれている。

日本労働法学会誌123号 (2014.5) 151

回顧と展望①

論を開始する」項目と位置づけられている。

なお，2013年8月30日以降，派遣法再改正論議の舞台は，厚生労働省の労働政策審議会職業安定分科会労働力需給制度部会（以下，労政審。）に移されている。この労政審では，「在り方研報告」を軸に議論がなされている。一方，この労政審に対しては，2013年10月4日，規制改革会議が「労働者派遣制度に関する規制改革会議の意見」をまとめ，具体的項目を挙げて注文をつけている。

このように，最近の労働者派遣をめぐる政府内の議論状況については，厚生労働省内の議論と規制改革会議のそれが呼応しつつ展開している。そして，全体として労働者派遣制度の規制緩和への流れが加速しているという状況である。

Ⅱ 雇用 WG 報告書 （2013年5月19日）

規制改革会議雇用 WG は，2013年5月19日に報告書をまとめた。この報告書の「Ⅱ．各論」の中に，「ジョブ型正社員の雇用ルールの整備」，「有料職業紹介事業の規制改革」とならんで，「労働者派遣制度の合理化」の項目が置かれた。この「労働者派遣制度の合理化」には，さらに，①「業務区別の廃止」，②「派遣労働者保護の観点からの『派遣労働の濫用防止』の明確化」，③「『人』をベースにした派遣期間の上限設定」，④「均衡処遇の推進」が検討課題として列挙されている。

雇用 WG 報告書の特徴は，労働者派遣について，派遣労働者の保護という視点からの「派遣労働の濫用防止」という基本理念を新たに構築することを求めている点にある。雇用 WG 報告書では，この「派遣労働の濫用防止」について，「実態にそぐわない派遣の利用や低処遇・不安定雇用の防止」を指すと[3]している。また，雇用 WG 報告書は，派遣法制定以来一貫して有している

2）「規制改革実施計画」（2013年6月14日閣議決定）では，「下記の事項」として，「①派遣期間の在り方（専門26業務に該当するかどうかによって派遣期間が異なる現行制度），②派遣労働者のキャリアアップ措置，③派遣労働者の均衡待遇の在り方」を指摘している。
3）「実態にそぐわない派遣の利用」が何を指すのかについては，報告書の中からはうかがえない。

「常用代替防止」の理念は、「正社員の保護を目的としており、派遣労働者の保護とは必ずしも相容れない。また非正規雇用労働者が全体の4割近くなった現在、これまで通りの手法でこの政策目的を追求することには限界がある」と評している。そして、「常用代替防止」という現行派遣法の基本理念を廃するという前提で、前述の①～④の「合理化」項目が位置づけられているのである。

「在り方研報告」との比較で、この雇用WG報告書の特徴を挙げるとすると、均衡処遇の問題をそれなりに強調していることにあろう。後に言及する「在り方研報告」では、その点が後退しているので、ここで整理しておく。雇用WG報告書では、「常用代替防止」については、従来の規制手法ではなく、均衡処遇を基盤とした対応により、派遣労働の濫用的利用を防止することができるとしている。そして、その具体的施策の一例として、有期労働契約（派遣元での有期雇用を含む）の場合、雇用保険の保険料（使用者負担）を引き上げることによって対応すること挙げている。もっとも、「在り方研報告」は、厚生労働省職業安定局派遣・有期労働対策部内に設けられた研究会であるので、雇用WG報告書で例示されている均衡処遇方法は、所管の問題から踏襲できなかった可能性がある。

Ⅲ 「在り方研報告」（2013年8月20日）

1 「在り方研報告」の骨子

報告の「基本的な考え方」として、①労働者派遣制度の労働力需給調整における役割を評価しながら、派遣労働者の保護及び雇用の安定等を積極的に図ること、②派遣労働者のキャリアアップを推進すること、③労使双方にとってわかりやすい制度とすること、とした上で、下記のような具体案が提案されている。

1. 登録型派遣・製造業務派遣の在り方
　①登録型派遣は、雇用安定措置を講じつつ、その仕組みを維持する。
　②製造業務派遣の弊害については、労働者派遣制度の中で対応すべき理由に乏しく、

回顧と展望①

その雇用の不安定性については，登録型派遣をめぐる雇用の不安定性の議論の中で検討すべきである。

2．特定労働者派遣事業の在り方

「常時雇用される」を「期間の定めのない」ものと再整理することで，特定労働者派遣事業はすべての派遣労働者を無期雇用する派遣元に限定することが適当である。

3．期間制限の在り方等

①現行の26業務という区分に基づく規制の廃止を含めて議論していくことが適当である。

②「常用代替防止」については，今後，対象を有期雇用派遣に再整理した上で，
  • 個人が特定の仕事に有期雇用派遣として固定されない，また労働市場全体で有期雇用派遣が無限定に拡大しないという個人レベルの常用代替防止
  • 派遣先の常用労働者が有期雇用派遣に代替されないことという派遣先レベルの常用代替防止

の2つを組み合わせた考え方に再構成すべきである。

③無期雇用派遣は常用代替防止の対象から外す。

4．派遣先の責任の在り方（派遣先の団体交渉応諾義務）

労働者派遣法の範疇で対応すべきものではなく，今後とも労働組合法の枠組みの中で考えていくことが適当である。

5．派遣労働者の待遇

①均等・均衡待遇
  • 派遣先の正規雇用労働者との比較による均等待遇の実現には，比較対象となる派遣先の労働者や業務を特定しにくいことや，同じ派遣元事業主に雇用されている派遣労働者同士の不均衡が生じ得ること等の課題が多い。
  • 派遣先の正規雇用労働者との均衡待遇に関しては，均等待遇の場合と同じく比較対象の問題を踏まえつつも，今後とも均衡待遇の取組を進めていくべき。
  • 均衡待遇に関しては，派遣労働者の賃金，教育訓練，福利厚生施設の利用などの面でさらに派遣先の役割が期待される。
  • 派遣労働者の納得性の向上の観点から，派遣元に対し，パートタイム労働法第13条（待遇の決定に当たって考慮した事項の説明）のような説明義務を設けることも一つの方法として考えられる。

②派遣先が派遣労働者の労働・社会保険への加入状況を確認する仕組みが有効である。

6．派遣労働者のキャリアアップ措置

一般労働者派遣の許可要件にキャリアアップ措置に関する事項を盛り込むこと等

が適当である。

7．その他

①特定目的行為の在り方について

- 派遣元で無期雇用の者に対する事前面接は規制の対象から除外することが適当である。

②指導監督の在り方について

- 法令に違反した事業者への指導監督については厳格に行われていくべきである。
- 無許可・無届での労働者派遣といった悪質な法令違反を行う事業者について，事業停止命令や，その他の方法での指導監督の強化などを検討することが必要である。
- 一般労働者派遣事業のため許可の更新時（特に第1回目）の事業運営のチェック体制を強化することも考えられる。
- 「優良事業者認定制度」を活用し，優良な派遣元事業主を推奨していくことが望ましい。

③平成24年改正労働者派遣法について

- 本報告書に沿った形で労働者派遣法の見直しがなされた場合，平成27年10月から施行される労働契約申込みみなし制度については，労働契約の申込みをしたものとみなされる場合の行為の内容も併せて変更となることから，この要件変更に関する改正が必要となる。
- 日雇派遣の原則禁止は，労働政策審議会において今後の制度見直しに向けた議論が必要かどうかを判断していくことが適当である。

2 「在り方研報告」の立場と「常用代替防止」

「在り方研報告」の中で，もっとも注目すべき点は，骨子の(3)期間制限の在り方等である。[4]「在り方研報告」では，常用代替のおそれの有無により業務を区分し，常用代替のおそれがあるものについては派遣先の業務単位で期間制限を設けるという現行規制を次のように評価している。すなわち，①国際的にみても独特の規制であり，②前述の附帯決議で指摘されているように，派遣労働者や派遣元・派遣先企業にとってわかりにくい制度であるとする。また，「常用代替防止」の考えは，③派遣先の常用労働者を保護する考え方であり，派遣

4）「在り方研報告」を検討したものとして，沼田雅之「『今後の労働者派遣制度の在り方に関する研究会報告書』の評価と課題」労旬1805号（2013年）6頁以下も参照のこと。

回顧と展望①

労働者の保護や雇用の安定と必ずしも両立せず，④非正規雇用労働者は増加を続けており，それにも関わらず派遣労働者のみを常用代替防止の対象とし続けることには十分な整合性はないとし，否定的に評価をするのである。

その上で，労働者派遣を，無期雇用派遣と有期雇用派遣に再整理し，次のように「常用代替防止」の再整理を提言する。すなわち，無期雇用派遣については，雇用の安定やキャリアアップの点で優位であるから，今後の「常用代替防止」の対象から外すことが望ましいとする。一方で，「常用代替防止」の対象は，有期雇用派遣に限定した上で，①労働者個人が特定の仕事に有期雇用派遣として固定されないこと，また労働市場全体で有期雇用派遣が無限定に拡大しないようにすることを目的として，労働者個人レベルの常用代替防止策を講じることと，②派遣先の常用労働者が有期雇用派遣に代替されないことという派遣先レベルの常用代替防止策，の2つを合わせた考え方に再構成すべきであると提言している。

しかし，「在り方研報告」が，現行派遣法の「常用代替防止」を，派遣先の常用労働者を保護する考え方であり，派遣労働者の保護や雇用の安定と必ずしも両立しない，と認識している点には疑問がある。現行の労働者派遣法には，派遣先が期間の制限を超えて派遣労働者を使用しようとする場合の雇用契約の申込み義務（派遣法40条の4）や，期間に制限がない業務に3年を超えて同一の労働者を受け入れている場合において新しく労働者を雇い入れようとするときの，その派遣労働者に対する雇用契約の申込み義務（派遣法40条の5）の規定がある。これらの制度は，派遣労働者の保護に資するものであることに疑いはなかろうが，一方で，「常用代替防止」の意義の延長線上に位置づけられてきたものであった[5]。このように，「常用代替防止」と派遣労働者の保護という利益は，必ずしも対立する概念であるとは捉えられてこなかったはずである。

3　雇用 WG 報告書との関係

「在り方研報告」は，雇用 WG 報告書で示された内容を概ね踏襲しているものと評価できる。確かに，雇用 WG 報告書では，「常用代替防止」から「派遣労働の濫用防止」への転換を迫っており，派遣法の基本的理念をどこに置くの

かという点で，これら2つの理念には大きな隔たりがあると評価することもできよう。

　しかし，「在り方研報告」の「常用代替防止」は，現行労働者派遣法のそれとは大きく異なる。「在り方研報告」では，有期雇用の派遣労働者にとっては，①同一の派遣先への派遣については3年が限度となる一方で，②派遣先についても，同一業務への派遣期間の上限を最長3年とし，それ以上受入れる場合には，労使のチェックの対象とするとしている。この労使のチェックをどのように設定するかにも左右されるが，現行の派遣期間の制限がある場合に，最長3年まで受入れるための要件たる派遣先の過半数代表の意見聴取（派遣法40条の2第4項）のようなものを想定する限り，「濫用的」利用のブレーキ役を期待することは困難である。そうすると，「在り方研報告」がいう「常用代替防止」機能は，結局，同一の職場で有期雇用派遣として就業する期間に上限を設定するという「労働者個人レベル」のものでしかない。そして，この「労働者個人レベル」の「常用代替防止」機能の意義について，「在り方研報告」では，「個々の派遣労働者が特定の仕事に有期雇用派遣として固定されないこと，また労働市場全体で有期雇用派遣が無限定に拡大しないようにすること」であるとしているのである。

　一方，雇用WG報告書の「派遣労働の濫用」については，「実態にそぐわない派遣の利用や低処遇・不安定雇用の防止」とするのみで，具体的にどのよう

5）　労働者派遣法の平成15年改正を審議する衆議院の厚生労働委員会の質疑で，当時の戸苅利和・厚生労働省職業安定局長は，「派遣先が期間を超えて派遣労働者を使うというふうなことを考えた場合には，当該派遣労働者に雇用契約の申し込みをしてもらう，これを義務づけようということでありまして，そういった意味で，あらかじめ定めた派遣期間を超えることのないように，あるいは超えた場合にはその派遣労働者の常用雇用への移行が図られるようにということで，今申し上げたような義務づけをしようということでありまして，そういったことで，このあたりがきちんと担保されるように適切な指導を行うということによりまして，常用雇用の代替が促されることのないように適切に対応していきたい，こういうふうに考えております。」と答弁している。

6）　2013年12月12日第201回労政審に提出された「労働者派遣制度の改正について（報告書骨子案（公益委員案））」には，この労使チェックについて，過半数代表に対する意見聴取が提案されている。

なことを「派遣労働の濫用」と評価するのかは具体的ではない。これについて，規制改革会議雇用 WG の鶴座長は，第5回雇用 WG にて，「派遣労働者保護という視点から，同一の派遣労働者について同一派遣先での派遣期間の上限，例えば3年を設けて派遣という形態で派遣労働者が特定の派遣先に常用的に利用される派遣労働の濫用利用」と述べている。この発言は，雇用 WG が念頭に置いている「派遣労働の濫用」のイメージを理解する手がかりにはなろう。かりに，雇用 WG の「派遣労働の濫用」が，このようなことを前提としているとするとするならば，結局のところ，「在り方研報告」の「常用代替防止」の考え方との差異はほとんどない。なぜなら，「在り方研報告」が説明する「労働者個人レベル」の「常用代替防止」機能の意義と鶴座長の発言内容は，同趣旨であるからである。そして，「在り方研報告」の「常用代替防止」機能は，「労働者個人レベル」のものしか期待できないとする前述の分析も，それを補強しよう。雇用 WG 報告書がいう，現行派遣法の「常用代替防止」の基本理念の破棄を迫る意図を，新たな「常用代替防止」の枠組みの中に組み込んだ「在り方研報告」の立場は，派遣法の連続性を意識した苦肉の策とも評価しうる。

　その他，雇用 WG の「業務区別の廃止」や「『人』をベースにした派遣期間の上限設定」は，「在り方研報告」でも提言されており，雇用 WG の議論が大いに影響を与えていることは明らかである。

IV　規制改革会議「労働者派遣制度に関する規制改革会議の意見」
（2013年10月4日）

　労政審では，「在り方研報告」を軸に議論がなされているのであるが，一方，規制改革会議は，その議論に注文を付けた。これが，規制改革会議「労働者派遣制度に関する規制改革会議の意見」である（以下，「意見」）。

　「意見」では，「在り方研報告」の，①いわゆる26業務の廃止，②有期雇用派遣労働者に対する個人レベルの期間制限の方向性を評価する。一方で，「在り方研報告」が，なおも（その内容は大きく変容しているものの）「常用代替防止」

を規制の根拠として維持していることに対して，それを基本原則とすることに固執するのは妥当ではないと批判し，再度，「派遣労働の濫用防止」に転換すべきと注文しているのである。

さらに，期間制限の在り方について細かな指示（たとえば，期間制限の上限について，有期労働契約の無期契約への転換制度との整合性に十分配慮することを求めている）をおこなっているほか，派遣先レベルでの派遣期間制限をこえる継続的受入れの場合に必要とされている労使のチェックについて，過重なものにならないようにすべきであるとしている。

その他，2012年改正労働者派遣法で新たに盛り込まれた日雇派遣の原則禁止や，労働契約の申込みみなし制度などの規定について，契約締結・職業選択・採用の自由といった根本原則[7]や，他の労働規制とのバランスがとれたものになるように見直しを行うべきであるとされた。[8]

厚生労働省は，この「意見」も考慮しつつ，労働力需給制度部会における2013年中のとりまとめを目指していたが，労働者側の委員の強い反対によりやや難航し，2014年1月29日に「労働者派遣制度の改正について」との報告書（建議）がとりまとめられた。[9]・[10] 本稿執筆現在（2014年1月末日）では，2014年の通常国会における法案提出を目指しているようである。

7） この「契約締結・職業選択・採用の自由といった根本原則」との表現は，三菱樹脂事件最高裁判決・最大判昭48・12・12民集27巻11号1536頁を想起させる。そして，本判決がいう「営業その他広く経済活動の自由」，すなわち「営業の自由」こそが，安倍内閣の下で進められている規制緩和政策を推進する法的根拠となっているようである。しかし，この「営業の自由」やそれに基づく自由な企業活動は，日本国憲法の原理からは認めがたいとする指摘がなされている（最近の論考としては，深谷信夫「自由な企業活動と日本国憲法の原理」西谷敏ほか『日本の雇用が危ない──安倍政権「労働規制緩和」批判』（旬報社，2014年）153頁以下。あらためて，今後の議論の展開が待たれるところである。

8） 日雇派遣の原則禁止については抜本的見直しを求め，労働契約の申込みみなし制度については廃止を含めた見直しを求めている。そのほか，①グループ企業派遣の8割規制については，8割という基準の妥当性を含めて再検討を求め，②マージン率等の情報提供については廃止を，③1年以内に離職した労働者の派遣労働者として受入れることへの禁止については，適切な例外の設定を求めている。

9） とりまとめられた，「労働者派遣制度の改正について」（建議）は，おおむね「在り方研報告」を踏襲したものと評価することができる。

回顧と展望①

V さいごに

　現在の労働者派遣をめぐる議論は，従来から派遣法にある「常用代替防止」の機能に対する是非を軸に進められているといっていいだろう。かりに雇用WG報告書や「在り方研報告」のような前提で労働者派遣制度が改められた場合，今よりも労働者派遣が幅広く利用されるおそれがある。このことは，職安法44条の例外として許容されてきた労働者派遣に質的な変化を迫るものとなろう。

　また，厚生労働省職業安定局派遣・有期労働対策部が所管する「非正規雇用のビジョンに関する懇談会」は，2012年3月に「望ましい働き方ビジョン」をとりまとめたばかりである。この「望ましい働き方ビジョン」では，「非正規雇用をめぐる問題への基本姿勢」のところで，「労働者がその希望に応じて安心して働くことができるよう，雇用の在り方として，①期間の定めのない雇用，②直接雇用が重要であり，どのような働き方であっても，③均等・均衡待遇をはじめとする公正な処遇を確保することが重要である。[11]」としているが，今回の労働者派遣をめぐる議論は，この提言とも相容れないものがある。

　筆者を含め，多くの論者は，労働者派遣という働き方をあくまでも例外的なものとしつつ，派遣労働者の保護の可能性を指向してきたはずである。しかし，1985年の制定から約30年が経過したいま，労働者派遣法は質的な転換がおこな

---

10)　この「労働者派遣制度の改正にについて」（建議）の文末では，労働者代表委員から，労働政策審議会の部会運営に関する意見があったことが指摘されている。労働政策審議会の部会において，直接の利害関係を有する派遣元事業主が非常に多くの発言を行う等があったとされる。このことを踏まえて，労働者代表委員の意見は，派遣元事業主の審議会参画の在り方について慎重に再検討を求めているのである。このような直接の利害関係を有する者の立法過程に対する強い関与が事実であれば，ILOがその加盟国に求めている三者協議体制からも問題があろう。

11)　非正規雇用のビジョンに関する懇談会「望ましい働き方ビジョン」（平成24年3月27日）10頁。この「望ましい働き方ビジョン」で示されている雇用の在り方は，その法的根拠が明示されていないので，にわかに賛成できるものではないが，結論としては支持できるものである。

われようとしている。これまでの議論の蓄積が，大いに試されているといって
いいだろう。

（ぬまた　まさゆき）

解雇が無効とされて復職した直後における
年休権発生の有無
——八千代交通(年休権)事件・最一小判平25・6・6労判1075号21頁——

戸 谷 義 治

(琉球大学)

I 事案の概要

　被告Y（株式会社八千代交通）は，一般常用旅客自動車運送事業等を営む株式会社である。

　原告Xは，平成17年1月にタクシー乗務員兼特命事項担当の正社員としてYとの間で期間の定めのない労働契約を締結した。

　平成19年5月，YはXに対して同日を以て解雇する旨の意思表示をした。これに対して，Xは解雇無効確認及び未払賃金の支払いを求める訴えを提起し，平成21年7月29日，さいたま地裁はXの雇用契約上の地位を確認する判決を言い渡し，同判決は同年8月17日に確定した。なお，同判決は現在のところ判例集やインターネット上のデータベースには一切登載されていないため，解雇の理由や経緯は不明である。

　同年9月4日，XはYの職場に復帰した。

　Yの就業規則においては，年休は労基法39条1項及び2項の要件に従って従業員に付与されること，使用しなかった年休は翌年に限り繰り越すことができることなどが定められている。また，Xは解雇される以前の平成19年5月16日時点で1日の未消化年休権を有していた。

　復職後，XはYに対して有給休暇届を提出し，平成21年9月13日から同月15日までの間（3日間），翌22年1月13日，及び同年2月15日に休暇を取得したものとして就労しなかった。

　これに対して，Yは上記各日についてXが欠勤したものとして取扱い，1日

あたり1万4791円をそれぞれの月の賃金から控除した。

　これに対して，XがYに対し年休権を有することの確認及び未払賃金の支払い，並びに年休権行使を認めなかったことに対する損害賠償を請求して訴えを提起したのが本件である。

　また，Yは訴え提起後の平成22年7月12日，平成19年7月21日までに原告が取得し使用していなかった13日分の年休権について，すでにXの年休権は訴えが提起された同年4月7日までの間に消滅時効が完成しているとして，時効を援用した。

　一審（さいたま地判平23・3・23労判1075号27頁）は，「使用者の責に帰すべき事由により就業できなかった期間について，労働者を不利に扱うのは有給休暇制度の趣旨に鑑みて妥当でない」として損害賠償以外のXの請求を認容し，控訴審（東京高判平23・7・28労判1075号25頁）もYからの控訴を棄却した。Yが上告。

Ⅱ　本件判旨

　上告棄却。

　「法39条1項及び2項における前年度の全労働日に係る出勤率が8割以上であることという年次有給休暇権の成立要件は，法の制定時の状況等を踏まえ，労働者の責めに帰すべき事由による欠勤率が特に高い者をその対象から除外する趣旨で定められたものと解される。このような同条1項及び2項の規定の趣旨に照らすと，前年度の総暦日の中で，就業規則や労働協約等に定められた休日以外の不就労日のうち，労働者の責めに帰すべき事由によるとはいえないものは，不可抗力や使用者側に起因する経営，管理上の障害による休業日等のように当事者間の衡平等の観点から出勤日数に算入するのが相当でなく全労働日から除かれるべきものは別として，上記出勤率の算定に当たっては，出勤日数に算入すべきものとして全労働日に含まれるものと解するのが相当である。

　無効な解雇の場合のように労働者が使用者から正当な理由なく就労を拒まれたために就労することができなかった日は，労働者の責めに帰すべき事由によ

回顧と展望②

るとはいえない不就労日であり，このような日は使用者の責めに帰すべき事由
による不就労日であっても当事者間の衡平等の観点から出勤日数に算入するの
が相当でなく全労働日から除かれるべきものとはいえないから，法39条１項及
び２項における出勤率の算定に当たっては，出勤日数に算入すべきものとして
全労働日に含まれるものというべきである。」

「被上告人は上告人から無効な解雇によって正当な理由なく就労を拒まれた
ために本件係争期間中就労することができなかったものであるから，本件係争
期間は，法39条２項における出勤率の算定に当たっては，請求の前年度におけ
る出勤日数に算入すべきものとして全労働日に含まれるものというべきである。
したがって，被上告人は，請求の前年度において同項所定の年次有給休暇権の
成立要件を満たしているものということができる。」「以上と同旨の見解に立っ
て，被上告人が請求の前年度において法39条２項所定の年次有給休暇権の成立
要件を満たしているとした原審の判断は，正当として是認することができる。」

なお，一審は消滅時効の援用の主張について，「原告が年休権を行使できな
かったのは，被告が本件解雇を行い原告が就業する機会を奪われたために，原
告がこれを争い，その結果，本件解雇が判決により無効と確定したという一連
の経緯によるものであり，ひとえに被告が本件解雇をしたことに原因があると
いうべきである。このような事情に鑑みると，被告が消滅時効を援用して原告
の年休権の行使を認めないのは相当でなく，権利の濫用に当たるというべきで
ある。」と述べて退けていたが，上告審でも否定されていない。

Ⅲ　検　討

判決に反対。

はじめに

本件は，使用者から解雇された労働者が，当該解雇の有効性を訴訟で争い，
雇用契約上の地位が確認されて復職した後数ヶ月の間に年休権を行使すること

ができるかが争われた事案である。これまでの行政解釈が年休取得の要件たる
「全労働日の8割以上の出勤」の算定方法について，使用者の責めに帰すべき
事由によって労働者が就労し得なかった期間は「労働日」に該当しないとして
きたのに対して，判決は当該期間が「労働日」に該当し，かつ出勤したものと
して取り扱うべきであり，2年以上にわたって解雇の有効性を争って解雇が無
効とされたXは要件を満たしていると判断した。

　また，発生から2年を経過した年休権について使用者側が消滅時効を援用し
たのに対しては，権利の濫用に当たるとし，時効消滅を否定した一審判決を支
持して，使用者が欠勤として扱った不就労日は適法に発生した年休権を使用し
た日であるとし，それらの日の賃金を支払うことを命じるとともに，Xの年休
の残日数を確認した。

　本件判決の示す衡平の観点から「労働日」及び「出勤日」の各該当性を判断
することは基本的に合理的と考えられるものの，労基法39条全体の解釈として
は判決の結論には大いに疑問が残るので，以下検討する。

1　年休権の発生

　労基法は39条で，6ヶ月以上継続勤務し，全労働日の8割以上出勤した労働
者に対して10労働日の有給休暇を付与すべき事を使用者に義務づけ（1項），
更に6ヶ月を経過した日から勤続年数が継続するごとに年休日数も増加するこ
ととされている（2項）。

　年休権を付与する趣旨については，「労働力の維持培養」を目的とした制度
とする東亜紡織懲戒解雇事件[1]や日本中央競馬会事件上告審[2]も見られるが，労働
者が賃金を失うことなく日々の労働から解放された一定の長さの休暇・余暇を
享有するためのもの（休息権保障）であるとされる[4]。

1）　大阪地判昭33・4・10判時149号23頁。
2）　東京高判平11・9・30判例780号80頁。
3）　そのほかに同様の見解を示す事案として，学校法人高宮学園事件・東京地判平7・6・
　　19労判678号18頁，日本中央競馬会事件一審・立川簡判平6・3・24労民集46巻4号1054頁，
　　釧路交通賃金請求事件一審・釧路地判昭51・12・22労民集29巻4号570頁，大瀬工業事件・
　　横浜地判昭51・3・4判時820号111頁など。

回顧と展望②

2　年休権発生要件

(1)　継続勤務

労働者が年休権を取得するためには，6ヶ月以上継続勤務し，全労働日の8割以上出勤していることを要する。

「継続勤務」とは，基本的には労働契約を締結している状態にあればよく，現実には就労していない休職期間なども含まれる[5]。また，有期労働者が契約を反復継続している場合でも継続勤務と評価することができ，業務の性質などによっては一定の契約不存在期間があっても継続性が肯定されうる[6]。

(2)　8割要件の趣旨と効果

継続勤務と併せて，全労働日の8割以上出勤していることも年休権発生の要件となる。この出勤率は，「出勤日数÷全労働日」で計算される。(全) 労働日とは，「労働者が労働契約上労働義務を課せられている日数」とするエス・ウント・エー事件上告審[7]の判断が概ね支持されているといえる[8]。出勤日とは原則としては使用者に対して現実に労務を給付した日をいうが，業務上の傷病による休業，育児休業，介護休業，及び女性労働者の産前産後休業については出勤したものと見なされる（労基法39条8項）。

そもそもこのような出勤率要件が設けられたのは，労基法が制定された大戦直後には多くの労働者の勤労意欲が減退していたことから，有給休暇の付与にも一定の出勤を要するとする必要があったからであるとされる。逆に言えば，特に出勤率の悪い労働者を排除するためのものと言える。

ただ，前述の休息権保障という年次有給休暇制度設定の趣旨にせよ，勤労意欲を維持させ特に出勤率の悪いものを排除するという出勤率要件の趣旨にせよ，

---

4)　長淵満男「年休権の構造」（日本労働法学会編『講座21世紀の労働法第7巻健康・安全と家庭生活』（有斐閣・平成12年）148頁）148頁。

5)　西谷敏＝野田進＝和田肇編『新基本法コンメンタール労働基準法・労働契約法』（日本評論社，2012年）164頁〔竹内（奥野）寿執筆部分〕。

6)　前掲注2)・日本中央競馬会事件上告審。

7)　最三小判平4・2・18労判609号12頁。

8)　前掲注5)・新基本法コンメンタール労働基準法・労働契約法』165頁，長淵・前掲注4)「年休権の構造」152頁。

そのことから労働者の現実には就労しなかった日をどのように扱うべきかの結論が，論理的にも実際の判例や行政解釈でも，導かれているわけではないように思われる。本件で中心的な論点となる出勤率についても，労基法39条8項で出勤と見なされる各種の休業は勤労意欲の問題というよりも，そのような理由で休業した労働者が不利に扱われることを避けようという発想によると考えたほうがわかりやすい。

　また，使用者から見れば，労務の提供を受けることなく一方的に賃金を支出することとなる。例えば本件であれば，1日あたり1万4791円であるので，仮に20日間の有給休暇を付与すれば30万円弱の金員を反対給付なしに支払っている。

　そうすると，制度設計のあり方としては，現実には労働者は就労しなかった日を労働日ではないとするのか，労働日とした上で出勤したものと見なすのかは労働者・使用者間でどのように調整するのが衡平なのかという問題に帰着せざるを得ず，その点では判決の説示は妥当と考えられる[9]。

　(3)　これまでの議論

　労働者が本来であれば労働日であった日に就労しなかった場合，その日の取扱いとしては「労働日であって，出勤しなかった日」（Aパターン），「労働日であって，出勤した日」（Bパターン），「労働日でなかった日（出勤・欠勤は問題とならない）」（Cパターン）のいずれかと評価することになる。

　時系列的事実としてはすべてAということではあるが，まず労基法で明文によってBと評価されるのが上述のとおり業務上傷病，育児，介護，産前産後の各休業である。そして，現実に出勤してはいないが，労働しなかったことを正当化する事情が認められる場合には，そもそも労働の必要がなかった，すなわちCと評価されるといえる[10]。労働日であるかどうかは，観念的に「労働すべき

─────────────

9)　桑村裕美子「労働者に帰責性のない不就労日と労基法39条の出勤率算定（本件判批）」（法学教室397号（2013年）36頁）41頁は有給であることが労働者の権利を保障した年休制度の本質を変化させるわけではないとして，年休権発生に関わる出勤率算定の場面で労使間の衡平の理念を持ち出すことは妥当でないとする。

10)　長淵・前掲注4)「年休権の構造」152頁。

回顧と展望②

であったか」を評価するものである以上，勤務しなかった・できなかった理由如何で変動し得るが，「出勤したか否か」は事実として労務を提供したかが問題となる以上，基本的に法律で見なし規定のあるもの以外には認められないというべきである。従来，使用者の責めに帰すべき事由によって労務が提供できない場合に，労務が提供できなかった日数を全労働日から差し引くべきとしていた行政解釈は，上記のような理解に立てば十分に理由のあるものであったと考えられる。とはいえ，その行政解釈にしても，年休を取得した日については出勤したものと見なすとしており[12]，一定しない[13]。

これに対して，本件判決は衡平の観点から，法律の明文によらなくても，Bと評価される日を観念できることを真正面から承認したことになる。

では，そのように考えるのであれば，法文に出てこない様々な不就労日をどのようにしてA～Cのいずれに振り分けるのかが次に問題となる。なお，従来から学説や行政解釈は，39条8項に列挙された事由以外でもBとなる場合を否定していない。

まず，本件判決では特に述べられてはいないが，特段に理由もなく労働者が欠勤した場合には，その日は労働日であり，出勤しなかったもの（A）として計算されることは当然である。

年休を取得した日が，Bに該当することは，上述のとおり行政解釈に示すところである。39条8項との整合性を指摘するものもあるが，概ね学説からも支持されている。

生理休暇（労基法68条）を女子労働者が請求した日については，行政解釈は「労基法上出勤したものとは見なされない」とする[14]。明確には述べていないが，Aということであろう。

本件判決は，労働者の責めに帰すべき事由がない不就労日であっても，使用

---

11)　昭和27年12月2日基収第5873号。

12)　昭和22年9月13日発基17号。

13)　長淵・前掲注4）「年休権の構造」153頁もこのような解釈は労基法が特定の休業について見なし規定を置いていることと整合しないとする。

14)　昭和23年7月31日基収2675頁。

者側に起因する経営，管理上の障害による休業日は，Ｃであるとする。行政解釈も同様の見解をとってきた。「使用者側に起因する」休業とは，おそらく労基法26条にいう休業が念頭に置かれているものと思われる。[15)]

本件では言及されていないが，争議行為によって不就労となった日もＣとするのが判例[16)]・行政解釈[17)]である。

(4)　年休権発生要件に関する基本的な考え方及び本件に関する評価

これまで，行政解釈は解雇の意思表示を受けた労働者が雇用契約上の地位を争い，これが認容された場合，当該濫用的解雇により就労できなかった期間は，「使用者の責めに帰すべき休業日」として全労働日から差し引くとした上で，その結果過去１年間の全労働日が０となる場合には，８割の要件を満たさず，年休権は発生しないとしていた。[18)]これに対し，判決は，このような場合には当該期間も全労働日に算入した上で出勤したものとみなすとした。本件一審判決が，上記行政解釈のいう「使用者の責めに帰すべき休業日」を狭く解して，本件のように労働者に就労の意思・能力がある場合にはそもそも当該行政解釈が妥当しないとし，そこから離れて濫用的解雇の場面における年休取得要件を検討しているのに対し，本件判決は行政解釈の文言には言及せずに，経営，管理上の障害による場合を除き，労働者の責任ではない休業日をを労働日かつ出勤した日とすべきとする。従来の行政解釈の考え方を否定し，広くＢパターンの可能性を認めたものと言える。

確かに，結果の妥当性を考えれば，労働者に責められるべき点がない場合に，本来取得していたはずの年休権が得られなくなるとすれば不当であって，判決の考え方にも一理あるようにも思われる。しかし，そもそも，上述のように，労働者の不就労日を上述のＡ～Ｃのいずれかに振り分けるとすれば，「労働すべきであったか」及び「出勤したか否か」を評価判断することになる。判決は，労基法39条１項及び同条２項にのみ言及して，衡平の観点から各パターンへの

---

15)　昭和33年２月13日基発90号。

16)　釧路交通事件・札幌高判昭53・７・31労判304号36頁。

17)　前掲注15)昭和33年２月13日基発90号。

18)　昭和63年３月14日基発150号婦発47号。

回顧と展望②

振り分けを考えるとするが，同条全体を考慮に入れて解釈すべきものと考えられる。

　Ｂは不就労の事実を事後的に出勤したことに変更するものであり，具体的な見なし規定等によらずにこのような解釈をすることは困難であって，基本的にはＡとＣのパターンしか生じないこととなる。そして，そのような理解にたった上で，労使の衡平の観点からして，Ｂパターンとみるべき事情がある場合には，その事情を列挙して立法的に解決しているというべきである。そうであれば，条文に列挙された事情以外の場面ではＢパターンになることはないということになる。

　本件判決の示した「衡平の観点」はＢパターンとなる事情を分類して立法化する上での指導理念としては妥当であるものの，その観点から39条１項及び同条２項のみを取り出して解釈し，法律の定める範囲を踏み越えて事実と異なる見なしの状態を作出することには大いに問題がある。

　なお，上述の年休取得日や，本件のような使用者の責めに帰すべき事情によって就労できなかった日がＣであることには確かに疑問も残るところであり，これは立法的に解決されるべきものであると考えられる。

　また，本件判決を受けて，通達が変更され，労働者の責めに帰すべき事由によるとはいえない不就労日は，原則として出勤率の算定に当たっては，出勤日数に算入すべきものとして全労働日に含まれるとの解釈が示された。[19]

3　消滅時効

　判決は，Ｙによる消滅時効の援用が権利濫用になるとして退けた一審判決を支持している。確かに，債務者が債権者の権利行使を妨げておきながら，時効消滅を主張することが権利濫用となり得るのは当然であるが，本件では別の観点から検討が必要であると考えられる。

　年休権は，前述の要件を満たせば，毎年発生し，発生から２年を経過すると

---

19)　平成25年７月10日基発0710第３号により，前掲注18)昭和63年３月14日基発150号婦発47号の一部を改正。最高裁の判断が示された以上やむを得ない対応であったといえるが，39条全体の構造からすれば問題のある解釈であり，拙速の感もある。

時効により消滅する[20]。そして，年休権を行使すると，労務を給付することなく賃金債権を取得することができる。

　不当に解雇されて労働者が就労しなかった場合，当該不就労期間に対応する賃金は民法536条2項により，使用者に支払義務が存続する。そうすると，確かに休日として付与されたわけではないにせよ，労務を給付することなく賃金を受け取るという点では，すでに権利を行使したのと同様の効果が生じている。もともと，年休権を行使しても，本来であればノーワーク・ノーペイで受け取れなくなるはずの賃金を受け取れるというだけであって，当日の賃金が倍加するわけではない。しかし，使用者により年休権の時効消滅の主張を認めず，結果的に地位確認請求を認容する判決が確定した後に，訴え提起以前及び係争期間中に発生した年休をすべて取得させることとなれば，復職した日が属する年の2年以上前に発生した年休権の行使は，その日数分の賃金を二重取りすることになる（復職した年はもちろんのこと，その前年に発生した年休権は当該年には1日も使わずに繰り越して復職の年に使用する事が当然あり得るので復職後に行使しても二重取りとはいえない）。

　本件では，年休の残日数について確認請求がなされている。時効完成前に訴えが提起されていれば，時効の援用が許されなくなるのは当然と言えるが，その場合でも2年以上前に発生した年休権行使は濫用の問題を生じさせる余地が考えられる。

おわりに

　本件判決は，結果の妥当性を追求するあまり，法条の解釈としては無理のあるものとなっている。本件のようにBとみなすべきものとして法文に列挙されていない場合にはCと考えざるを得ず，これによって労働日が0となれば年休

---

20)　権利が現実化するのは，実際に休暇を取得した日であり，ある年に仮に20日の年休権が付与されるとすると，その権利のうち最後の1日分が現実化するのは早くても付与から20〜25日後ということになる。しかし，年休権行使のための時季指定権は年休付与の瞬間から行使可能となることから，1年間に付与される年休権はその全日数について算定期間の初日から時効が進行するものと考えられる。

回顧と展望②

権が発生しないものとすることもやむを得ないものと思われる。

　本稿で検討した年休発生要件や消滅時効については，必ずしも条文解釈から妥当な結論が得られるものではなく，また特に時効の問題については通常の権利と同列に論じた場合に不都合も見られる。

　ただ，判決の示した衡平の観点自体は基本的な考え方として妥当なものと考えられ，これを基準とした今後の立法的解決が期待される。

（とや　よしはる）

労災保険法上の給付を受ける労働者に対して
打切補償を支払って行われた解雇の有効性
—— 専修大学事件・東京高判平25・7・10労判1076号93頁 ——

佐々木　達　也

（明治大学）

I　事実の概要

　X（被控訴人，一審反訴原告）は，平成9年4月1日，Y大学（控訴人，一審反訴被告）に雇用され，教務部入試事務課に配属された。Xは，平成15年3月13日に「頸肩腕症候群」（以下，「本件疾病」）との診断を受けて以降，本件疾病が原因で欠勤を繰り返し，症状に改善がないまま，私傷病による「欠勤」，1年間の私傷病「休職」に付した。平成17年6月3日に，Y大学はXを復職させたものの，平成19年3月31日にXは退職した。

　平成19年11月6日，中央労働基準監督署長は，平成15年3月20日の時点で本件疾病は「業務上の疾病」に当たるものと認定し，Xに対し，労災保険給付の支給を決定した。これを受け，Y大学は，Xの退職を取消し，復職させ，平成15年6月3日以降の欠勤・休職につき，Y大学法人勤務者災害補償規程（以下，「本件災害補償規程」）所定の労働災害による欠勤に当たるものと認定した。平成21年1月17日，本件災害補償規程所定の欠勤期間が経過したものの，「就労できない」状態が続いたため，Xを2年の業務災害「休職」に付した。

　休職期間終了後，Y大学はXに対して，復職を可能とする客観的資料の提出を求めたが，Xはこれに応じず，リハビリ就労を目的とする復職を求めた。そのため，Y大学は，Xの職場復帰は不可能であると判断し，平成23年10月24日，Xに対し本件災害補償規程に基づき打切補償を支給したうえで，解雇の意思表示を行った（以下，「本件解雇」）。

　Y大学が労基法81条所定の打ち切り補償を支払って行った本件解雇は有効

であるとして地位不存在確認を求める本訴を提起したため（その後，本訴は取り下げられた），XはY大学に対し，Xは同法81条所定の労働者に該当せず，本件解雇は労基法19条1項本文に違反し無効であるとして，地位確認等を求めて反訴を提起した。

原審判決（東京地判平24・9・28労判1062号5頁）は，労災保険制度と労基法上の災害補償制度は，「使用者の補償責任の法理を共通の基盤としつつも，基本的には，並行して機能する独立の制度」であるとした上で，①労災保険法上の給付を受ける労働者については使用者の補償負担の軽減を考慮する必要性がないこと，②療養補償給付の受給労働者には復職の可能性が残されていることから，「労基法81条所定の『第75条の規定（療養補償）によって補償を受ける労働者』とは，文字通り労基法75条の規定により補償を受けている労働者に限られる」として，本件解雇は労基法19条1項本文に違反し，無効であると判断した。そこで，Y大学が控訴した。

Ⅱ　判　旨（控訴棄却）

1　①労基法81条は，労災保険法上の給付を受けている労働者について何ら触れるものではなく，②同法84条1項は，労災保険法に基づき災害補償に相当する給付がなされる場合であっても，使用者が災害補償を行ったものとみなすと規定していないため，労災保険法上の給付を受けている労働者が「労基法81条所定の『第75条の規定（療養補償）によって補償を受けている（ママ）労働者』に該当するものと解することは困難というほかない。」

2　このように解すると，労基法上の災害補償を受ける労働者と労災保険法に基づき給付を受ける労働者との間に解雇制限上の差があるものの，「労基法19条1項ただし書前段の打切補償の支払による解雇制限解除の趣旨は，療養が長期化した場合に使用者の災害補償の負担を軽減することにあると解されるので，このような差が設けられたことは合理的といえ」，使用者の負担が社会保険料等にとどまる限りにおいては，「症状が未だ固定せず回復する可能性がある労働者について解雇制限を解除せず，その職場への復帰の可能性を維持して

労働者を保護する趣旨によるものと解されるのであって，使用者による社会保険料等の負担が不合理なものとはいえない。」

3　また，傷病補償年金を受ける労働者と療養補償給付及び休業補償給付を受ける労働者との間に解雇制限上，大きな差異がある。「しかし，症状が厚生労働省令で定める重篤な傷病等級に該当する場合においては，復職の可能性が低いものとして雇用関係を解消することを認めるのに対し，症状がそこまで重くない場合には，復職の可能性を維持して労働者を保護しようとする趣旨によるものと解され」，「上記のような差異も合理的」である。

4　「したがって，法は，以上のような趣旨から，療養開始後3年を経過しても負傷又は疾病が治らずに労働が出来ない労働者が労災保険法に基づく療養補償給付及び休業補償給付を受給している場合においては，使用者が打切補償を支払うことにより解雇することはできないものと定めているものと解するのが相当である。」

5　「以上によれば，労災保険法により療養の給付を受けている労働者は，労基法81条所定の『第75条の規定（療養補償）によって補償を受けている労働者』に該当しないものと解される。したがって，Xに対して本件打切補償を支払ってしたY大学の本件解雇は有効とは認められない。」

Ⅲ　検　　討[1]

1　本判決の特徴と意義

本件は，業務上の疾病により，長期間にわたり欠勤・休職し，労災保険法上の療養・休業補償給付を受給する労働者に対し，労基法上の打切補償を支払ってなされた解雇が労基法19条1項本文に違反するかが争われた事例である。

従来の裁判例では，労基法19条1項の適用が争われた事例においては，「業務上」の疾病か否か[2]，あるいは業務上の負傷による疾病が症状固定の状態になった時点における同条項の適用が問題となってきた[3]。他方で，打切補償が問題となった事例[4]においては，労災保険法上の給付を受けず，就業規則に基づき3年以上休業補償（賃金の6割）を支払われた労働者に対して，打切補償を支払

回顧と展望③

ってなされた解雇の有効性が争われた。本件では，労災保険法上の療養・休業
補償給付を受ける労働者に対して打切補償を支払った場合に，労基法19条1項
本文の絶対的解雇制限が解除され，解雇が認められるかが争点になったことが
事案類型上の特徴であり，同争点について判断した初めての裁判例であろう。
本件においては，Xがリハビリ就労を求めており，労働者が主観的には復職
可能であると認識している点に事案としての特徴がある。

　本判決は，常態として労働が不能と認定され労災保険法に基づいて傷病補償
年金給付を受給する者ではなく，より軽度な傷病と認定されて復職可能性のあ
る者として労災保険法に基づく傷病・休業補償給付を受けている労働者につい
ては，労基法19条1項本文の絶対的解雇制限は解除すべきでないと判示した。

　本判決は，これまで明確にされてこなかった療養・休業補償給付と解雇制限
との関係について判断を下した点で理論的意義があるものの，業務上負傷した
労働者は労災保険法の保険給付を受けることが一般的である現在においては，
実務的影響は大きなものがある。

1）　本判決の評釈として，鈴木俊晴「労災保険給付が支給されている被災労働者に対する打
　切補償の支払と解雇」法時85巻13号（2013年）394頁，北岡大介「打切補償の支払いと労基
　法19条」季労242号（2013年）192頁。原審判決の評釈として，山口浩一郎「業務上疾病によ
　り労災保険法の給付をうけ3年以上休職している労働者に対し，打切補償を支払って解雇す
　ることができるか」季刊「ろうさい」2013年冬号 Vol. 16（2013年）14頁，山田省三「打切
　補償の支払いと解雇禁止規定との関係」労働法学研究会報2547号（2013年）22頁，加藤智章
　「労災保険給付の受給労働者に打切補償を支払って行った解雇が，労基法19条1項に違反し
　無効とされた例」『新・判例解説Watch／2013年10月』（日本評論社，2013年）253頁，五三
　智仁「東京地裁平成24年9月28日判決（学校法人専修大学事件）の批判的検討」経営法曹
　177号（2013年）6頁，幡野利通「療養・休業補償給付を受けている労働者に対し打切補償
　を支払ってした解雇の効力」労働法令通信2324号（2013年）24頁，岩本充史「労災保険給付
　を受給する休職者に対する「打切補償の支払いと解雇」をめぐる法的問題」ビジネスガイド
　768号（2013年）28頁，豊島國史「近時の労働判例」LIBRA Vol. 13 No. 9（2013年）38頁，
　洪性珉「労災保険給付の受給労働者に打切補償を支払って行った解雇が無効とされた例」賃
　社1599号（2013年）56頁。
2）　東芝（うつ病・解雇）事件・東京地判20・4・22労判965号5頁など。
3）　光洋運輸事件・名古屋地判平元・7・28労判567号64頁など。
4）　アールインベストメントアンドデザイン事件・東京高判平22・9・16判タ1247号153頁。

労災保険法上の給付を受ける労働者に対して打切補償を支払って行われた解雇の有効性（佐々木）

2　判旨における法理の検討

(1)　労基法と労災保険法の制度的関連

　本判決は，基本的には，労基法の関連条文を厳密に文理解釈した点，使用者の災害補償負担の観点並びに傷病補償年金を受ける労働者との関係から労災保険法上の給付を受ける労働者は労基法81条所定の労働者に該当しないと根拠づけている点で，原審判決と同様の論理を採用したものであるといえる。

　本判決と原審判決の相違は，原審判決が労基法上の災害補償と労災保険法上の保険給付は別個であることを強調した点にある。ただ，本判決は両方の法的関連についての原審判決の理解を明確に否定するものでないことから，本判決の前提的制度認識は同一であると理解できる。

　労基法と労災保険法は，その制定当時は一体として把握され，行政解釈では「両法は共通の法理的基盤に立つもの」と理解されていた（昭和41・1・31基発73号）。しかし，特に1960年以降の法改正による労災保険法の「ひとり歩き」状況を踏まえて，学説は，労災保険法は，使用者の個別補償責任を定めた労基法とは異質のものであり，生存権に基礎づけられた独自の補償制度と理解する点で共通するものであった[5]。この判決の制度認識自体は，今日の学説の見解に沿うものと評価できよう。

(2)　打切補償と解雇制限解除の関係

　本判決は，まず，現行法文の構成に着目し，①労基法81条は，労災保険法上の給付を受けている労働者について何ら触れるものでないこと，②同法84条1項は，労災保険法に基づき災害補償に相当する給付がなされる場合であっても，使用者が災害補償を行ったものとみなすと法文上の規定が存在しないことから，「労基法81条所定の『第75条の規定（療養補償）によって補償を受ける労働者』に該当するものと解することは困難というほかない」と判示する。本判決においても，原審判決同様，労基法上の災害補償がなされていないことが決定的要因となっており，前掲アールインベストメントアンドデザイン事件と比較して

---

5)　青野覚「労災保険法」『リーディングス社会保障法』（八千代出版，2003年）50頁，51頁，西村健一郎『社会保障法』（有斐閣，2003年）327頁，328頁，水野勝「労災補償制度の理論的課題」日本労働法学会誌76号（1990年）17頁以下。

回顧と展望③

考えると，打切補償による解雇制限解除が認められるのは労基法上の災害補償が行われている場合に限られ，労災保険法上の療養・休業補償給付のみを受ける場合には解雇が禁止されるものと判示したものと解される。

本件のように療養開始後３年を経過しても，労災保険法による療養補償給付等の支給が続いている場合に，労基法81条の打切補償を支払って，被災労働者を解雇できるかという問題につき，労働省及び厚生労働省は見解を明らかにしていない。この点につき，昭和51年労災保険法改正担当者は，労基法19条１項但書の趣旨を「将来にわたり職場復帰を妨げるような重篤かつ永続的な傷病にかかった者について雇用関係の継続を行わなくてもよいとする」ものと解し，休業補償給付の受給者は傷病が重篤でないため，解雇制限解除については否定的に解するべきとする[6]。さらに，学説には，打切補償に相当する傷病補償年金の支給決定権は労基署長にあるので，事業者が打切補償を支払って解雇制限からのがれる余地はないとする見解[7]がある。労災保険法上の給付を受ける労働者に対し，労基法81条の打切補償により絶対的解雇制限を解除しないという本判旨は，結論において今日までの行政解釈及び学説の見解と一致する。

本判決は，労基法19条１項本文の趣旨を「労働者が解雇されるおそれなく業務上の負傷，疾病の療養等を行うことができるようにすること」にあると判示しており，同条項但書の趣旨と併せて考えると，復職可能性のある労働者について同条の解雇制限が適用されるべきとするものと解される。労災保険法に基づく療養・休業補償給付を受ける労働者は，常態として労働が不能と認定され傷病補償年金給付を受給する労働者とは異なり，復職可能性がある者としてその給付を受ける労働者であるため，その復職可能性を重視し，保護すべきであると思われる。客観的資料の提出がないものの，被災労働者が主観的に復職可能であると認識し，リハビリ就労を求めた本件のような場合には，復職可能性があると解して，労基法19条１項本文に基づく絶対的解雇制限により保護すべきであり，その解除の可能性を広げるべきではないと考える。

6） 増田雅一『新・労災保険論』（労務行政研究所，1979年）43頁。ただし，「永続性の面では問題なしとしない」としている。

7） 井上浩『最新労災保険法〔第２版〕』（中央経済社，1999年）203頁。

したがって，労基法81条を厳格に文言解釈して，復職可能性のある者として労災保険法の保険給付を受けている労働者について，打切補償による解雇制限解除を否定した本判旨は妥当であると解される。

(**3**) 社会保険料の負担の合理性

上述の厳格な文言解釈を正当化するための第一の論拠として，本判決は，労基法上の災害補償を受ける労働者と労災保険法に基づき給付を受ける労働者との間の解雇制限上の差につき，打切補償による解雇制限解除の趣旨は使用者の災害補償の負担を軽減することにあり，このような差異は合理的であるとした上で，労災保険法上の給付を受ける場合の社会保険料等の負担については，復職の可能性を維持して労働者を保護する趣旨から不合理でないと判示した。

行政解釈は，労基法81条の打切補償の趣旨を「業務上の負傷又は疾病に対する使用者の補償義務を永久的なものとせず，療養開始後三年を経過したときに打切補償を行うことにより，その後の使用者の補償責任を免責させようとするものである」と解しており，裁判例も同様に解している。本判旨の打切補償の趣旨の理解は，行政解釈及び裁判例と一致するものと解される。

しかし，労基法19条１項の趣旨に鑑みると，症状が固定せず，復職の可能性がある労働者を保護する必要性は労基法の災害補償を受ける労働者についても同様である。したがって，復職可能性保護の観点から社会保険料等の負担の合理性を説明することは妥当でないと解され，判旨法理には疑問が残る。

(**4**) 傷病補償年金との関係

次に，傷病補償年金が支給される「傷病等級に該当する場合においては，復職の可能性が低いものとして雇用関係を解消することを認めるのに対し，症状がそこまで重くない場合には，復職の可能性を維持して労働者を保護しようとする趣旨によるものと解」して，解雇制限上の差異は合理的であるとする。

行政解釈は，昭和35年改正により規定された労災保険法19条の３の趣旨を，

8） 厚生労働省労働基準局編『平成22年版労働基準法下』（労務行政，2011年）850頁。

9） アールインベストメントアンドデザイン事件・前掲注４）。

10） 同様の指摘をするのものとして，道幸哲也＝和田肇「ディアローグ労働判例この１年の争点」日本労働研究雑誌640号（2013年）９頁。

回顧と展望③

長期傷病者補償は「療養中の労働者の事後の療養及び生活を必要期間確実に保障し，労基法の打切補償よりも一層高度，かつ，十分なものであることから……労基法上の打切補償が支払われたものとみなす」としており，傷病補償年金及び療養補償給付が導入された昭和51年改正では，労災保険法19条について「労基法の解雇制限との関係は従来のまま引き継ぐ」と解説している。[11] 傷病補償年金が支給される傷病等級１級から３級は，いずれも，常態として労働が不能な重篤な傷病であることを考慮すると，労災保険法19条は，傷病補償年金を受給する労働者は復職不可能であるため，十分な所得保障をすることで労基法上の打切補償をしたものとみなし，解雇制限を解除するものと解すべきであろう。このように解すると，傷病補償年金の支給対象とされていない，より軽度な療養・休養補償給付を受ける労働者については，復職可能性があるものとして，労基法19条１項本文による絶対的解雇制限を解除すべきでないという反対解釈が可能であると思われる。労基法19条１項本文は休業を要する，業務上負傷した労働者に対して，その程度にかかわりなく絶対的解雇制限をしているところ，常態として労働が不能と認定され傷病補償年金を支給される労働者についてのみ労災保険法19条に解雇制限解除に関する規定が設けられていることに鑑みると，より軽度な療養・休業補償給付を受ける労働者で，本件のように主観的な認識である場合も含めて復職可能性のある労働者については，労働契約を維持し，その復職可能性を保護することが妥当であると考える。

　以上のことから，傷病補償年金を受ける労働者との解雇制限上の差異は合理的なものであり，本判示部分は妥当であると解される。

4　本判決の評価と課題

　労災保険法の療養・休業補償を受ける労働者に対して打切補償を支払って行う解雇が労基法19条１項本文に違反し，無効であるとした本判決は，同一の事案類型に属する訴訟のリーディングケースと評価できる。ただ，論理的には，本判決の射程は，療養開始後３年を経過して，療養・休業補償給付を受けてい

---

11)　厚生労働省労働基準局労災補償部労災管理課『七訂新版　労働者災害補償保険法』（労務行政，2008年）454頁。

る，復職可能性のある労働者に限られると解される。

現行法規定の解釈としては本判決の結論は評価できるものの，このような結論は，保険料を支払っているにもかかわらず絶対的解雇制限を解除する場合には使用者自ら災害補償を行ない，保険給付という利益を受けられない状況を生じさせるため，実務の観点からは妥当性を欠くという課題が残されている[12]。実務の観点と整合させるためには，労災保険法による療養・休業補償給付と労基法81条との関係についての立法的解決が必要と思われる[13]。

(ささき　たつや)

---

12) 労災保険加入の利益が失われることから，本判決又は原審判決を批判するものとして，山口・前掲注1)18頁，岩本・前掲注1)35頁，北岡・前掲注1)196頁など。
13) 同旨，道幸＝和田・前掲注10)10頁，加藤・前掲注1)256頁。

〈追 悼〉

島田信義先生の思い出

早稲田大学教授　石 田　眞

　本学会の元代表理事で早稲田大学名誉教授の島田信義先生は，2013年8月22日，その89年の生涯を静かに閉じられた。ご子息の島田陽一君（早稲田大学教授）から病気療養中と伺っていたが，お見舞いに行けぬまま先生をお送りすることになってしまったこと，私にとっては慙愧の念に堪えないものがある。生前のお元気な頃には，お正月というと島田邸に集まって夜遅くまでお酒を飲み交わすのが恒例だったことを思い起すと，お礼もできぬままという思いは更に強くなる。4年ほど前，すでに視力を失われ，奥様に手を引かれておいでになった先生と，正月の島田邸の常連だった清水敏君（早稲田大学教授），深谷信夫君（茨城大学名誉教授）ともども会食したのが，先生に直接お会いすることのできた最後の機会であった。

　島田先生は，1925年（大正14年）群馬県前橋市にお生まれになり，1943年（昭和18年）に早稲田大学専門部法律学科に入学された。学業半ばに一時軍隊に召集されたが，敗戦の翌年の1946年（昭和21年）に専門部法律学科を卒業され，同時に早稲田大学法学部（旧制）に編入され，1949年（昭和24年）に同学部を卒業されている。このように，先生は，戦時中の早稲田大学における法学教育を実際に体験された世代に属し，後にその有り様について貴重な証言を残されている（「座談会『早稲田法学の峰々』(1)―島田信義先生を囲んで―」『早稲田法学』第70巻2号（1997年）447頁）。卒業後，先生は，一時出版社に身を置かれたが，1951年（昭和26年）に大学に戻られ，法学部の助手，専任講師，助教授を経て，1964年（昭和39年）に教授に就任されている。先生のご専門は，恩師である野村平爾先生と同様，民法と労働法であったが，早稲田大学での主担当は民法であった。他方，日本労働法学会では，学会創設後の比較的早い時期から理事に就任され，1987年（昭和62年）5月から88年（昭和63年）10月まで代表理事を務められ，本学会の発展に寄与された。

　島田先生とのお付き合いは，1969年，当時早稲田大学法学部4年生であった私が先生の労働法演習（島田ゼミ）を選択したことに始まる。2年生の時には憲法演習を選択し，3年生の時にはローマ法演習を選択するというように，定点の定まらない勉強をしていた私が4年生で労働法演習を選択したのは，学部時代，セツルメントという地域活動の

追 悼

学生サークルに所属し，その活動の過程で東京下町の零細企業の労働実態の一端に触れたからであった。そんな私にとって，〈労働法原理を生きた姿態において労働関係に具体的に当てはめ，労働関係に果たす労働法の機能を理解させる〉という労働法演習（島田ゼミ）のキャッチフレーズは，とても魅力的に感じられた。だから，勉強してやろうと勢い込んでゼミに入ったはずであったが，実際にはうまく行かず，島田先生から，大目玉を食らうことになる。それは，私が，当時大学紛争真っ只中の早稲田大学法学部において，4年生であるにもかかわらず無謀にも学生自治会の役員（書記長）を務めていて，宣伝活動・組織活動に忙しく，勉強どころではなかったからである。それでも，ゼミにはなんとか参加をし，報告もしたのであるが，それがひどかった。ゼミでは，『労働法律旬報』の「別冊」（当時）に掲載された生の労働判例が検討素材として指定され（確かピケットの判例だったと思う），それをグループで検討・報告し，討論をするのであるが，報告の質もさることながら，グループ内での連携がうまく行かず，「労働法は団結の重要さを教えているのに，その報告はなんだ！」と一喝されてしまったのである。目が醒めるとはこのことであったが，この一喝事件が契機となって島田先生との距離はぐっと縮まった。マンモス大学の早稲田において真剣に学生と向き合い叱ってくれる先生に出会ったのは，島田先生がはじめてであった。その後，私の方も労働法の勉強にそれなりに身が入るようになり，先生とも親しくお話しができるようになった。4年生のゼミが終了し，卒業に際しては，ご自宅にお招きいただき，当時高校（早大高等学院）2年生だったご子息の陽一君にもはじめてお会いすることになる。もちろん，その時には，30年後，二人が早稲田大学の同僚として労働法を担当することになろうなど，思いもよらぬことであった。

　私は，思うところがあって早稲田大学大学院（法学研究科）に進学し，佐藤昭夫先生（早稲田大学名誉教授）のもとで労働法の勉強を本格的にはじめた。島田先生は，法学研究科でも民法が主担当であったので，大学院における研究指導はあくまで民法であったが，幸いなことに労働法の演習（ゼミ）も開講されており，それを受講した。その第1回目のテーマが，忘れもしない，「雇傭契約と労働契約」であった。当時，労働法学界では，民法の雇傭契約は団結権法認以前の契約自由の原理が働く法概念であるのに対し，労働法上の労働契約は団結権法認以後の生存権原理が働く法概念であるとする，いわゆる「峻別説」が全盛を誇っていた（と少なくとも私は考えていた）。そして，駆け出しの私は，この第1回のゼミに出席するまでは，漠然とそのような理解でよいのではないかと考えていた。しかし，ゼミで島田先生と議論してみると，先生の見解は「峻別説」とは異なるものであった。島田先生は，雇傭契約も労働契約も従属労働を対象としているという意味では契約類型としては同一であり，両者はむしろ従属労働を共通の媒介項として民法と労働法の法原理が相互に浸透し，融合し合って新しい規範内容を作っていると考え

た方がよいのでないかと言われた。私にとっては，目から鱗であった。雇傭契約と労働契約との関係について，原理的にも歴史的にも根本から（ラディカルに）考えてみなければならないと思った瞬間である。その後，私は，長い年月を経て『近代雇用契約法の形成』（日本評論社，1994年）を書き上げることになるが，この拙著のモティーフになったのは，まぎれもなく島田先生から受けた上記の知的刺激であった。

　民法と労働法の「二足のわらじ」を履かれた島田先生のご業績を回顧してみると，民法の立派な教科書も書かれているが，その数からすると労働法のご業績が圧倒的に多い。おそらく，労働法をこよなく愛されていたからだと思う。ただ，そのようにいう場合でも，島田先生の労働法分野でのご業績は，民法のわらじを履かれていたことがその特色を形づくっている。島田先生は，〈民法と労働法の架け橋〉になろうとされた。そして，島田先生の労働法領域における代表的著作であり博士学位取得論文でもある『市民法と労働法の接点』（日本評論社，1965年）は，民法と労働法の架け橋になるとは理論的にはどのようなことを意味するのかを原理的に明らかにしつつ，それを両者の接点領域における解釈問題に応用されている（例えば，第4章「休業と労働者の賃金請求権」，第5章「労働契約における原状回復と Back Pay」など）。市民法と労働法の間に，いわゆる「万里の長城」は存在せず，両者の接点領域では，それぞれの法原理の相互浸透・融合現象（法の変容）があらわれるというのが島田先生の考え方であった。雇傭契約と労働契約との関係の問題については，上記著作においてそれ自体として検討されることはなかったが，私が大学院の第1回ゼミにおいて衝撃を受けた島田先生の見解は，市民法と労働法の接点に関するご自身の法理論の応用問題であった。

　ところで，以外に知られていないことかもしれないが，島田先生の労働法領域でのご業績で特筆すべきなのは，『労働裁判と裁判官』（早稲田大学出版部，1972年），『刑事労働裁判の展開』（一粒社，1981年）などに結実した〈労働裁判と裁判官研究〉である。労働法学にとって労働判例に関する研究が重要であることは言うまでもないが，島田先生の労働裁判と裁判官研究は，そうした個々の労働判例に対する評釈や検討ではなく，ある時代の労働判例全体を対象化して分析し，それを通じて裁判官の法意識を探り出すことである。すぐれて実証的であり，通常は法社会学者が取り組むのにふさわしい仕事であった。島田先生は，もともと，法解釈においても，労使関係の実態から法規範を構成する，いわゆる「社会学的法律学」の方法をとられていたが（例えば，「ピケット権と就労権―日鋼室蘭争議におけるピケの実態」『法律時報』28巻9号（1956年）26頁など），先生の労働裁判と裁判官研究は，法の解釈それ自体を目的にするのではないだけに，より法社会学的であった。多数の裁判例を渉猟され，それを年代別に分析し，そこから裁判官の法意識を析出して批判的に分析するこの領域のお仕事は，いま読み直してみても，異彩を放っている。

　島田先生が1970年代から80年代にかけて力を注がれた研究分野が〈女性労働者の権利

問題〉であった。その成果は，『働く婦人の権利読本』（労働旬報社，1975年），『婦人労働法論——課題と展開』（労働旬報社，1979年）に纏められている。「女性」ではなく，「婦人」というタイトルが当時の時代状況と意識を反映しているが，「婦人」と表現されていた時代から女性労働者の権利問題，とくに雇用における性差別の問題に取り組まれていたことが注目される。この研究分野との関係で島田先生は，1985年の男女雇用機会均等法制定をめぐる学会シンポジュウム（第68回大会『男女雇用平等論』）において，「男女雇用平等法の課題と問題点」と題する総論報告を担当されている（学会誌『労働法』65号（1985年）5頁）。私は，島田先生，浅倉むつ子先生（早稲田大学教授），大脇雅子先生（弁護士）といった雇用における性差別問題のエキスパートにまじって報告者の末席を汚したのであるが，司会の籾井常喜先生（東京都立大学名誉教授），故山本吉人先生（茨城大学名誉教授）も参加された学会報告の準備研究会において，男女雇用機会均等法案の評価をめぐって激論が交わされたことを今でも鮮明に覚えている。実際，学会のシンポジュウムでは，多数の質問や意見が飛び交い，司会の籾井先生をして「これほど微妙な，これほどむずかしい論点をふくんだ問題はない」（上掲・学会誌188頁）と言わしめたシンポジュウムにおける苦渋を含んだ島田先生の「全体のまとめ」発言が印象的であった。

島田先生には，もう一つの研究分野として，〈寮・社宅の法律問題〉がある。賃貸借や借家法が絡むので，民法と労働法の架け橋にかかわる分野と言えなくもないが，この問題に関する先生のご著書『給与住宅・福利・厚生』（労働法実務大系20巻）（総合労働研究所，1972年）は，労働者住宅に関するおそらく唯一といってよい体系書である。私は，この著作の存在は知っていたが，不勉強でつい最近まで精読することはなかった。2008年の経済危機に際して，非正規労働者の寮や社宅からの追い出しが問題となり，私も，遅ればせながら寮・社宅（労働者住宅）の法律問題を勉強する必要に迫られたのであるが，その際，この問題に関するもっとも包括的な導きの書になったのが島田先生の上記著作であった。すでに体調を崩されており，先生にそのことをお伝えできなかったことが心残りでならない。

島田先生には，1995年5月16日の古稀を迎えるにあたって編まれた『岩峰閑話』（敬文堂，1995年）と題する随筆集がある。先生のお人柄を随所に垣間見ることのできるご本である。その中で私がもっとも好きなのは，「信陽鉄道建設ばなし—夢への接近」と題する一文だ。幼い頃，汽車の運転手になりたいという夢をもっておられた先生が，その夢を実現すべく，親子の名前をとった「信陽鉄道」という架空の会社（信義先生が社長，陽一君が専務）を設立し，様々な困難を乗り越えてお宅の一室に鉄道模型レイアウト（模型列車を走行させるための線路と情景を備えた運転施設）を建設する話である。列車を動かしたい一心でレイアウトの一部を壊してしまったお孫さんから，「なおしておいてね」と言われるところで話は終わっているが，先生の暖かいお人柄を示すエッセイとして，全編

島田信義先生の思い出

ほほえましい佇まいがある。凝り性の先生は，天国でもレイアウトを補正しながら夢への接近を続けていらっしゃることだろう。いつの日かそれを見せていただくことを楽しみにしている。

(いしだ　まこと)

日本学術会議報告

浅倉　むつ子

（日本学術会議会員，早稲田大学）

1　第165回総会とその後

　日本学術会議の第165回総会は，2013年10月2日〜4日にかけて開催された。総会では2002年にノーベル化学賞を受賞された田中耕一氏による「若手・企業研究・異分野融合が活きるために」という特別講演が行われた。

　総会とその後の日本学術会議全体の活動における特記事項は，以下の2点である。第一に，東日本大震災復興支援である。学術会議は東日本大震災復興支援委員会の下に6つの分科会を設けてきたが，2013年9月には7つめの分科会「汚染水問題対応検討分科会」を発足させ，議論を開始した。また同年9月6日には，福島復興支援分科会が「提言：原子力災害に伴う食と農の『風評』問題対策としての検査態勢の体系化に関する緊急提言」を公表した。

　第二に，ノバルティスファーマ社が関わる降圧剤バルサルタンの臨床試験をめぐり，京都府立医大をはじめとするいくつかの大学の医学系研究科で不正なデータ操作が行われた事態が発覚したため，2013年7月23日には大西隆会長談話が出された（「科学研究における不正行為の防止と利益相反への適切な対処について」）。同年12月26日には，科学研究における健全性の向上に関する検討委員会が「提言：研究活動における不正の防止策と事後措置」を公表するに至った。提言では，研究不正を事前に防止する方策とあわせて，不正が発生した場合の対応方策について具体的な提案が示された。

2　第23期の会員・連携会員の選考について

　第23期の日本学術会議会員・連携会員の選考をめぐる議論が開始された。日本学術会議は，2005年10月の第20期から組織改編され，会員の選出方法を，学協会を基盤とする推薦制から，日本学術会議が選考して内閣総理大臣に推薦する方法へと変更した。コ・オプテーション方式という新たなこの選考方法により，第23期の選考手続きも進められているが，それは概要，以下の通りである。

　候補者推薦にあたっては，科学者コミュニティの代表にふさわしい「優れた研究または業績がある者」（6年の任期を努められる者が望ましい）という条件と同時に，

新分野・多様な構成員（男女共同参画の推進，若手研究者，地域活性化の視点，産業界・実務家からの選出）に配慮すること，という留意事項が通知されている。23期の会員・連携会員については，22期の会員・連携会員が一人あたり5名までの新たな候補者の推薦書を提出すると同時に，協力学術研究団体からも候補者情報の提供を受け（1団体から6名まで），それらをもとに，選考委員会が最終選考を行うことになる。23期は2014年10月からの3年間だが，会員・連携会員の任期は2期・6年間である。

3　その他

第1部会は，2013年7月13日に，福島大学うつくしまふくしま未来支援センターの後援を受けて「3.11後の科学と社会——福島から考える」と題する公開シンポジウムを行い（約200名の方々の参加を得て盛況であった），その後，双葉郡浪江町の視察を行った。原発事故がもたらしているこの状況については「理不尽というほかには言葉が見当たらない」というのが，ある会員の感想であった。また，法学委員会の下に設けられている「大震災後の安全安心な社会構築と法」分科会が『学術の動向』2014年2月号で特集を組んでいる。参考にしていただきたい。

大学教育の分野別質保証のための教育課程編成上の「参照基準」については，2013年8月19日に「機械工学」，同年9月18日に「数理科学」，同年10月9日に「生物学」などの分野から，それぞれに報告が出されている。

（あさくら　むつこ）

（2014年1月25日記）

◆日本労働法学会第126回大会記事◆

　日本労働法学会第126回大会は，2013年10月20日（日）に一橋大学において，大シンポジウムの一部構成で開催された（以下，敬称略）。

一　大シンポジウム

統一テーマ：「債権法改正と労働法」

司　会：石田眞（早稲田大学），野田進（九州大学）

1．「総論——労働契約法と債権法との関係性——」報告者：野田進（九州大学）

2．「労働契約における合意と債権法改正」報告者：新屋敷恵美子（山口大学）

3．「約款・事情変更法理と労働契約」報告者：野川忍（明治大学）

4．「債権法改正と雇用の期間・終了」報告者：武井寛（甲南大学）

5．「危険負担法理と役務提供契約」報告者：根本到（大阪市立大学）

コメンテーター：大村敦志（東京大学）

二　総　会

1　奨励賞について

　和田肇代表理事より，本年度については該当者がいない旨報告された。

2　第127回大会およびそれ以降の大会について

　鎌田耕一企画委員長より，第126回大会をもって，企画委員長が鎌田耕一理事から野川忍理事へ交代する旨，および2014年5月をもって，早川智津子委員が退任し，後任は桑村裕美子会員（東北大学）となる旨報告がなされた。

　また，今後の大会予定に関し，以下の通り報告がなされた。

◆第127回大会について◆

　(1)　期日：2014年5月25日（日）

　(2)　会場：大阪大学（社会保障法学会と同会場）

　(3)　個別報告について

〈第1会場〉

・テーマ：「公的部門における事業・業務再編と労働者保護」

　報告者：松井良和（中央大学大学院）

　司　会：毛塚勝利（中央大学）

- テーマ：「ドイツ労使関係の変化と協約法理の現在」
  報告者：榊原嘉明（明治大学）
  司　会：毛塚勝利（中央大学）

〈第2会場〉

- テーマ：「韓国における期間制勤労契約（有期労働契約）に関する法規制とその
  運用をめぐる論点」
  報告者：徐侖希（早稲田大学大学院）
  司　会：島田陽一（早稲田大学）
- テーマ：「フランスにおける労働組合の社会的機能と労働組合の代表性」
  報告者：小山敬晴（早稲田大学）
  司　会：島田陽一（早稲田大学）

〈第3会場〉

- テーマ：「兼職に関する法律問題をめぐる一考察――ドイツ法との比較法的研究
  ――」
  報告者：河野尚子（同志社大学大学院）
  司　会：土田道夫（同志社大学）
- テーマ：「管理職労働者の法的地位」
  報告者：崔碩桓（明知大学校）
  司　会：岩村正彦（東京大学）

(4)　ミニシンポジウムについて

- テーマ：「高年齢者雇用の課題と方向性」（仮題）
  司　会：水町勇一郎（東京大学）
  報告者：水町勇一郎（東京大学）
  　　　　原昌登（成蹊大学）
  　　　　柳澤武（名城大学）
  　　　　櫻庭涼子（神戸大学）
  　　　　高木朋代（敬愛大学）
- テーマ：「日韓比較労働法研究の意義と課題」
  司　会：矢野昌浩（龍谷大学）
  報告者：西谷敏（大阪市立大学）
  　　　　宋剛直（東亜大学校）
  　　　　趙翔均（全南大学校）
  　　　　脇田滋（龍谷大学）
- テーマ：就労の意義に関するミニシンポジウム（タイトルは今後確定する）

司　会：唐津博（南山大学）

報告者：有田謙司（西南学院大学）

　　　　長谷川聡（専修大学）

　　　　神吉知郁子（立教大学）

(5)　特別講演について

報告者：渡辺章（労委協会・筑波大学名誉教授）

テーマ：「労使関係と『社会的対話』について」（仮題）

◆第128回大会について◆

(1)　期日：2014年10月19日（日）

(2)　会場：静岡大学（社会保障法学会と同会場）

(3)　大シンポジウムについて

統一テーマ：「労働組合立法史の意義と課題」（仮題）

司　会：土田道夫（同志社大学），野川忍（明治大学）

趣旨説明：野川忍（明治大学）

報告者：富永晃一（上智大学）

　　　　竹内寿（早稲田大学）

　　　　中窪裕也（一橋大学）

　　　　野田進（九州大学）

　　　　仁田道夫（国士舘大学）　を予定している。

◆第129回大会について◆

(1)　期日：2015年5月17日（日）（予定）

(2)　会場：近畿大学

(3)　個別報告について

2014年5月23日（金）を締切日として，個別報告のエントリーの募集を行う。日本労働法学会ウェブサイトに申込用紙を掲載する。

(4)　ミニシンポジウムについて

2014年5月16日（金）を締切日として，ミニシンポジウム企画のエントリーの募集を行う。

3　学会誌について

(1)　編集委員の交代について

唐津博編集委員長より，編集委員について，奥田香子会員が2013年9月の任期満了により緒方桂子会員（広島大学）に交代したこと，阿部未央会員が2013年9月の任期満了により長谷川珠子会員（福島大学）に交代したことが報告された。

(2) 学会誌について

唐津博編集委員長より，学会誌第122号は学会前に刊行済みであることが報告された。第125回大会個別報告の原稿のうち1件について，第123号掲載に向けて提出を行う予定である旨報告がなされた。また，校正の段階で大幅な変更を行った執筆者があったことが報告され，今後，原稿を提出する際には，枚数，締切を厳守し，最終原稿として提出すべき旨確認がなされた。

2014年春刊行予定の学会誌第123号については，大シンポジウム（「債権法改正と労働法」，回顧と展望，奨励賞関連記事，定例記事，島田信義会員の追悼文を掲載する予定であること，投稿論文はなかったことが報告された。

また，2014年秋刊行予定の学会誌第124号については，ミニ・シンポジウム3テーマ，個別報告6本，特別講演，回顧と展望，定例記事を掲載する予定であることが報告された。

(3) 査読委員長の交代について

村中孝史査読委員長の任期終了に伴い，後任として，名古道功理事が選出された旨報告された。

4　日本学術会議について

浅倉むつ子理事より，以下の報告がなされた。

第165回総会が，10月2日～4日にかけて開催された。2点のみ報告しておく。

(1) 東日本大震災復興支援について，これまでにも学術会議はいくつかの提言を出してきたが，従来から設けてきた6つの分科会に加えて，7つめの分科会「汚染水問題対応検討分科会」が発足した。この10月から議論を開始している。

(2) 来期＝23期（2014年10月より）の会員・連携会員の選考手続きが開始する。コ・オプテーションによる選考が定着してきており，新たな会員・連携会員の推薦手続がとられる。推薦は，2方向から行われる。1つは，学術会議会長が協力学術研究団体の長に対して情報を求める。この場合，6名以内の情報提供までが可。2つは，現在の会員・連携会員が新メンバーを推薦する。1人につき，会員候補者については2名まで，連携会員も含めれば5名まで推薦できる。推薦は新メンバーにつき必要とされるが，現在の連携会員は自動的に23期の会員・連携会員の選考の対象になるので，改めて推薦を受ける必要はない。推薦書は2014年1月28日までに提出する必要がある。学術会議としては，今期同様，「優れた研究・業績」という基準に加えて，女性，地域，新分野，産業界，若手の会員や連携会員拡充という方針をたてている。

5 国際労働法社会保障法学会について

荒木尚志理事を代理し，山川隆一事務局長より，以下の報告がなされた。

(1) 第9回アメリカ地域会議が2013年10月2日～4日，エクアドル（グアヤキル）にて，予定通り開催された。

(2) 第11回欧州地域会議が，2014年9月17日～19日，アイルランド（ダブリン）にて開催予定。テーマは下記の通りである。

第1テーマ：労働権と人権

第2テーマ：差別に対する法的・非法的救済

第3テーマ：社会保障問題（仮題）

第4テーマ：代替的紛争処理

ラウンドテーブル：公益通報，経済危機と労働法改革，データ保護と職場のプライバシー

(3) 第9回アジア地域会議が，2014年6月25日～27日，韓国（ソウル）にて開催予定。テーマは下記の通りである。

第1テーマ：労働組合の未来：危機に瀕するストライキ権？

第2テーマ：間接雇用：労働市場はどこまで柔軟でありうるのか？

第3テーマ：高齢化社会における社会保障法

ラウンドテーブル：アジアにおける文化的多様性と移民労働者

(4) 第21回世界会議が，2015年9月14日～17日，南アフリカ（ケープタウン）にて開催予定である。テーマ等については未定である。

6 入退会について

山川隆一事務局長より，物故者が3名あったこと，未払分の会費納入により理事会にてみなし退会が取り消された者が1名あったこと，および以下の10名について入会の申込みがあり，理事会で承認されたことが報告された（50音順，敬称略）。

石松俊幸（㈱悠コーポレーション），市川貴子（社会保険労務士），鴨下祐一（産労総合研究所），川口俊一（社会保険労務士），川崎航史郎（龍谷大学），早田賢史（弁護士），西川昇吾（学校法人公務員ビジネス専門学校），早津裕貴（名古屋大学），深石葉子（国際経済労働研究所），藤木貴史（一橋大学大学院）

また，和田肇代表理事から，入会申込書の推薦文については，入会希望者がどのような形で労働法の研究に貢献することが期待されるかという観点から記載してほしい旨確認がなされた。

7 その他

(1) 第127回大会ミニシンポジウムに関する補助金について

山川隆一事務局長より，前日企画委員会において，第127回大会の「日韓比較労働法研究の意義と課題」をテーマとするミニシンポジウムの２名の報告者が韓国在住であることから，通常の補助とは別に，旅費，滞在費等に関し，学会から一定の支給を行うべきか検討がなされ，今年度予算のうちの予備費から，先例に従った金額を支給するよう承認を求めるよう決定がなされ，前日理事会にて40万円につき承認された旨報告された。

(2) 学会誌122号の発送漏れについて

山川隆一事務局長より，学会誌122号の発送の際，委託事務局の手違いにより，2013年３月末までに会費を納入していた46名の会員について，発送漏れが生じた旨の報告がなされた。

(3) 一時保育サービスについて

和田肇代表理事より，第126回大会では，一時保育サービスに会員４名の申込みがあり，当日１件のキャンセルがあったこと，学会から，19,165円の補助を行うことが報告された。

また，第127回大会の一時保育サービスについては，実施に向けた調整を今後行うことが報告された。

(4) 司法試験選択科目について

和田肇代表理事より，司法試験における選択科目廃止が問題になっていることが紹介されたうえ，学会としての対応については代表理事に一任頂きたい旨の提案がなされ，承認された。

◆日本労働法学会第127回大会案内◆

1　日時：2014年 5 月25日（日）

2　会場：大阪大学　豊中キャンパス（社会保障法学会と同会場）

3　内容

（1）　個別報告

〈第 1 会場〉

- テーマ：「公的部門における事業・業務再編と労働者保護」

　　報告者：松井良和（中央大学大学院）

　　司　会：毛塚勝利（中央大学）

- テーマ：「ドイツ労使関係の変化と協約法理の現在」

　　報告者：榊原嘉明（明治大学）

　　司　会：毛塚勝利（中央大学）

〈第 2 会場〉

- テーマ：「韓国における期間制勤労契約（有期労働契約）に関する法規制とその
　　　　　運用をめぐる論点」

　　報告者：徐侖希（早稲田大学大学院）

　　司　会：島田陽一（早稲田大学）

- テーマ：「フランスにおける労働組合の社会的機能と労働組合の代表性」

　　報告者：小山敬晴（早稲田大学）

　　司　会：島田陽一（早稲田大学）

〈第 3 会場〉

- テーマ：「兼職に関する法律問題をめぐる一考察──ドイツ法との比較法的研究
　　　　　──」

　　報告者：河野尚子（同志社大学大学院）

　　司　会：土田道夫（同志社大学）

- テーマ：「管理職労働者の法的地位」

　　報告者：崔碩桓（明知大学校）

　　司　会：岩村正彦（東京大学）

（2）　特別講演

　　報告者：渡辺章（労委協会・筑波大学名誉教授）

　　テーマ：「労使関係と『社会的対話』について」

(3) ミニシンポジウム

• テーマ：「高年齢者雇用の課題と方向性」
 司　会：水町勇一郎（東京大学）
 報告者：原昌登（成蹊大学）
　　　　柳澤武（名城大学）
　　　　櫻庭涼子（神戸大学）
　　　　高木朋代（敬愛大学）

• テーマ：「日韓比較労働法研究の意義と課題」
 司　会：矢野昌浩（龍谷大学）
 報告者：西谷敏（大阪市立大学）
　　　　宋剛直（東亜大学校）
　　　　趙翔均（全南大学校）
　　　　脇田滋（龍谷大学）

• テーマ：「「就労価値」論の意義と課題」
 司　会：唐津博（南山大学）
 報告者：有田謙司（西南学院大学）
　　　　長谷川聡（専修大学）
　　　　神吉知郁子（立教大学）

（以上，敬称略）

日本労働法学会規約

第1章　総　　　則

第1条　本会は日本労働法学会と称する。

第2条　本会の事務所は理事会の定める所に置く。（改正，昭和39・4・10第28回総会）

第2章　目的及び事業

第3条　本会は労働法の研究を目的とし，あわせて研究者相互の協力を促進し，内外の
　　学会との連絡及び協力を図ることを目的とする。

第4条　本会は前条の目的を達成するため，左の事業を行なう。
　1，研究報告会の開催
　2，機関誌その他刊行物の発行
　3，内外の学会との連絡及び協力
　4，公開講演会の開催，その他本会の目的を達成するために必要な事業

第3章　会　　　員

第5条　労働法を研究する者は本会の会員となることができる。

　本会に名誉会員を置くことができる。名誉会員は理事会の推薦にもとづき総会で決定
する。

　（改正，昭和47・10・9第44回総会）

第6条　会員になろうとする者は会員2名の紹介により理事会の承諾を得なければなら
　ない。

第7条　会員は総会の定めるところにより会費を納めなければならない。会費を滞納し
　た者は理事会において退会したものとみなすことができる。

第8条　会員は機関誌及び刊行物の実費配布をうけることができる。

　（改正，昭和40・10・12第30回総会，昭和47・10・9第44回総会）

第4章　機　　　関

第9条　本会に左の役員を置く。
　1，選挙により選出された理事（選挙理事）20名及び理事会の推薦による理事（推薦
　　理事）若干名

2，監事　2名

　　　（改正，昭和30・5・3第10回総会，昭和34・10・12第19回総会，昭和47・10・9
　　　第44回総会）

第10条　選挙理事及び監事は左の方法により選任する。

　1，理事及び監事の選挙を実施するために選挙管理委員会をおく。選挙管理委員会は
　　　理事会の指名する若干名の委員によって構成され，互選で委員長を選ぶ。

　2，理事は任期残存の理事をのぞく本項第5号所定の資格を有する会員の中から10名
　　　を無記名5名連記の投票により選挙する。

　3，監事は無記名2名連記の投票により選挙する。

　4，第2号及び第3号の選挙は選挙管理委員会発行の所定の用紙により郵送の方法に
　　　よる。

　5，選挙が実施される総会に対応する前年期までに入会し同期までの会費を既に納め
　　　ている者は，第2号及び第3号の選挙につき選挙権及び被選挙権を有する。

　6，選挙において同点者が生じた場合は抽せんによって当選者をきめる。

　　推薦理事は全理事の同意を得て理事会が推薦し総会の追認を受ける。

　　代表理事は理事会において互選し，その任期は2年とする。

　　　（改正，昭和30・5・3第10回総会，昭和34・10・12第19回総会，昭和44・10・7
　　　第38回総会，昭和47・10・9第44回総会，昭和51・10・14第52回総会，平成22・
　　　10・17第120回総会）

第11条　理事の任期は4年とし，理事の半数は2年ごとに改選する。但し再選を妨げな
　　い。

　　監事の任期は4年とし，再選は1回限りとする。

　　補欠の理事及び監事の任期は前任者の残任期間とする。

　　　（改正，昭和30・5・3第10回総会，平成17・10・16第110回総会，平成22・10・17
　　　第120回総会）

第12条　代表理事は本会を代表する。代表理事に故障がある場合にはその指名した他の
　　理事が職務を代行する。

第13条　理事は理事会を組織し，会務を執行する。

第14条　監事は会計及び会務執行の状況を監査する。

第15条　理事会は委員を委嘱し会務の執行を補助させることができる。

第16条　代表理事は毎年少くとも1回会員の通常総会を招集しなければならない。

　　代表理事は必要があると認めるときは何時でも臨時総会を招集することができる。総
　　会員の5分の1以上の者が会議の目的たる事項を示して請求した時は，代表理事は臨
　　時総会を招集しなければならない。

第17条　総会の議事は出席会員の過半数をもって決する。総会に出席しない会員は書面により他の出席会員にその議決権を委任することができる。

第5章　規約の変更

第18条　本規約の変更は総会員の5分の1以上又は理事の過半数の提案により総会出席会員の3分の2以上の賛成を得なければならない。

平成22年10月17日第120回総会による規約改正附則
第1条　本改正は，平成22年10月1日より施行する。
第2条　平成22年10月に在任する理事の任期については，次の通りとする。
　　一　平成21年5月に就任した理事の任期は，平成24年9月までとする。
　　二　平成22年10月に就任した理事の任期は，平成26年9月までとする。
第3条　平成21年5月に在任する監事の任期は，平成24年9月までとする。

学会事務局所在地
　〒113-0033　東京都文京区本郷7-3-1　東京大学法学部
　　　　　　　荒木尚志研究室
　　　　　　　TEL：03-5841-3224
　　　　　　　FAX：03-5841-3224
　　　　　　　e-mail：rougaku@gmail.com

SUMMARY

《Symposium》

The Relationship between the Contract of Employment Act and the Civil Code?

Susumu NODA

The Contract of Employment Act 2007 (CEA 2007) does not provide sufficient provisions for resolution of various problems which occur between employer and employee.

General provisions in Civil Code (CC 1896) play an important role to supplement the provision of CEA 2007.

So, the relationship between CEA and CC is an important but complicated question in Japan.

This is the reason why the amendment to CC means at the same time an essential amendment to CEA.

However, the tentative proposal for the amendment to CC (proposed in March 2013) does not seem to have prepared effective reforms to the provisions relating to employment relationship.

It is necessary to make the relationship between CEA and CC clear.

An integration of provisions as to employment relationship in CC with CEA should be examined to reform the relationship between these legislations.

In the process of the amendment to CC, there seem to be two approaches by which the arguments for the amendment to CC have been constructed: the Pragmatic Approach and the Theoretical Approach.

The Pragmatists played the role to conserve the status quo of provisions relating to employment relationship. As far as the amendments of the provisions relating to employment relationship is concerned, the Pragmatic Approach was superior to the Theoretical approach.

As a result, seemingly helpful amendments to CC have not made good progress.

The aim of this symposium is to propose the efficient amendments to CC and an exact interpretation of the amendments from the standpoint of the Theoretical Approach.

The Principle of Agreement for Contract of Employment and the Partial Amendments to Civil Code in Japan

Emiko SHINYASHIKI

This article argues about whether the partial amendments to civil code in Japan in the future should clarify fundamental principles or rules which regulate sphere of formation of contract. Concretely, it analyses the tentative proposal for the amendments published by a committee of the Ministry of Justice from the perspective of formation of contract of employment.

The tentative proposal has two points of unsatisfactory. Firstly, the proposal does not articulate its fundamental position as to which is the general form of formation of contract, that is, formation of contract as an agreement or that as match of an offer with acceptance. Secondly, the proposal does not propound what are the conditions of formation of contract. The situation where those points have been unclear has partially caused the unstable state of labour law which has constructed for itself seemingly dogmatic rules for resolution of conflict as regards formation of

SUMMARY

contract of employment. It is true that those rules have had some advantages in terms of protection of employees, but they have not shown the connection to the principles of civil law notwithstanding the remoteness from the principles, and leaded to unstable state.

When we think about the way in which contract of employment is formed or conditions which judges rely on when they determine whether parties has entered into a contract of employment, the previous proposals which were published before the tentative proposal are found useful for the arguments of formation of contract of employment, for the previous proposals stipulated the principles and rules relating to formation of contract. The principles and rules which suggested by the previous proposals would embody the existence of agreement between parties to contract of employment at the both stages of formation and actual performance of contract of employment. Also, they would contribute to making problems appear in a right way to be discussed, and to bringing us the chances to devise tools for determination of formation of contract of employment.

In conclusion, examining the principles or rules for the formation of contract of employment which has not been stipulated ever in Japan but was attempted to be stipulated by the previous proposals, it can be said that the principles or rules as the previous proposals for the amendments to the civil code in Japan should be realized through the amendment to the civil code.

Change with the Formation of the Working Conditions: Mainly in Agreement, Changed Circumstances Principle

Shinobu NOGAWA

1. Overview of this Report
   ① work rules in the labor contract clause doctrine and other terms of impact (Collective bargaining agreements, pension rules, the non-compete obligation rules and regulations)
   ② Labor contract and changed circumstances doctrine

2. Impact on the Labor Contract Clause Doctrine
   ① The history leading up to the middle draft
   ② Summary of Terms of regulations in intermediate draft

3. Organizing Clause Doctrine and Rules of Employment Doctrine
   ① Terms of appropriate affinity and rules of employment doctrine and Terms of doctrine
   ② Terms of doctrine and Terms of work rules other than
   ③ Basis of agreement for the regulation incorporated work rules

4. Work Rules Change Doctrine Changes and Agreement Provisions
   ① Difference of agreement change doctrine and Article 10 labor contract law
   ② Terms of incorporated change doctrine

5. Labor Contract with Surprise Terms Unfair Terms Regulations
   ① surprise clause
   ② unfair terms

SUMMARY

6. Labor Contract with the Changed Circumstances Doctrine
 ① Applicability in labor contract
 ② Relationship of labor contract change doctrineand changed circumstances doctrine
 ③ Labor contract with the effect of changed circumstances

Amendment of Claims-law, Term and Termination of Employment

Hiroshi TAKEI

I Introduction

II Overview of current law

III Meaning and Function of Employment Term ─ Interrelationship of Civil Law, Labor Contract Act and Labor Standards Act

IV Employment with Indefinite Term ─ Termination or Continuation

V Cancellation of Contract by an Agreement

VI Contract with Continuation and Labor law

VII For the Clear Relationship between Civil Law and Labor Law

VIII At the End

Risk of Loss and Service Provision Contract

Itaru NEMOTO

Introduction

I Risk of loss and the right to remuneration in the case of interruption of discharge
  1 The arguments in the Legislative Council of the Ministry of Justice
    (1) Proposal of "Fundamental policy" group
    (2) Proposal in the incipient stage
    (3) Interim draft
  2 Examination
    (1) Significance
    (2) Comparative study with the Civil Code in Germany
    (3) Legal issues

II Service Provision Contract and Quasi Mandate Contract
  1 Proposal of Service Provision Contract in place of Quasi Mandate Contract
    (1) "Fundamental policy" group
    (2) The discussion in the Legislative Council of the Ministry of Justice
  2 Interim draft
  3 Examination
    (1) Validity of Service Provision Contract
    (2) Content of Quasi Mandate Contract

SUMMARY

Une observation civiliste sur le colloque "Réforme de droit des obligations et droit du travail"

Atsushi OMURA

La réforme de Code civil des obligations, qui a éfé officiellement commnecée en 2009, est arrivée maintenant à la dernière étape: la Sous-commission chargée de la réforme, créée dans la Commission de législations fondamentales auprès du Ministère de la Justice, vient de lancer l'avant-projet de loi. La Sous-commission terminera ses travaux et publiera le projet final dans un an et demi.

Le domaine de la réforme est vaste: elle couvre non seulement la théorie générale des contrats, mais aussi les contrats spéciaux, y compris l'engagement de services. Par conséquent, les travaillistes sont obligés de surveiller, avec incertitude et méfiance, ce que la Sous-commission propose. Pour certains, au moins au début, cette tentative de réforme semble "le bâteau noire", arrivé brusquement près de leur propre territoire.

Mais la plupart des travaillistes connaissent maintenant que la Sous-commission n'a pas d'intention d'oser à changer l'état actuel de droit du travail. On considère que la crise est finie, car le bâteau noire est maintenant éloigné.

A mon sens, ce n'est pas une crise, mais plutôt une chance. La réfome en cours nous a apporté une occasion d'examiner de nouveau la relation entre droit civil et droit du travail. Il me semble que les orateurs du colloque partagent cette perspective.

En effet, la réforme nous a posé des questions importantes. Comment doit-on régler des problèmes d'interprétation tels que la lacune et l'antinomie entre deux domaines de droit? Quels principes généraux doit-on employer pour trouver une règle non écrite, principe de droit civil ou celui de droit du travail? Ou encore l'indépendance ou/et l'autonomie de droit du travail est-il nécessaire aux niveaux de la codification ?

On dit souvent que la tendance de la mondialisation pousse la réforme du Code civil des obligations. Mais aussi important est le changement que notre société civil a subi au bout de vingtième siècle. A notre époque, sans tenir compte de l'existence des salariés et des consommateurs, on ne pourrait pas reconstituer notre société civile. Dans ce sens, "le bâteau noire" demande aux civilistes et travaillistes d'ouvrir leurs fontières des pays. Pour le futur Code civil des obligations, les éléments international et interdisciplinaire doivent être tous les deux importants.

SUMMARY

《Article》

Redress for Harassment in the UK: From Direct Discrimination in Anti-discrimination Acts to Harassment Provision in Equality Act 2010

Shino NAITO

I Introduction

II Redress for Harassment Dependent on Provision of Direct Discrimination in Anti-discrimination Acts
  1 Redress by Provision of Direct Discrimination
  2 Issues in this Approach
  (1) Cases Relating to Requirements of Comparator
  (2) Cases Relating to Interpretation of "detriment"

III Introduction of Harassment Provision into Anti-discrimination Acts
  1 Introduction of Harassment Provision Motivated by EU Directives
  2 Impact of Introduction on Issues of Requirements of Comparator etc.
  (1) Change in Requirements of Comparator
  (2) Prohibited Conduct

IV Harassment Provision in Equality Act 2010

V Conclusion

編 集 後 記

◇　本号は，2013年10月20日（日）に一橋大学で開催された第126回大会の大シンポジウム報告論文を中心に，回顧と展望を加えて構成されている。「債権法改正と労働法」という統一テーマで行われた大シンポジウムでは，興味深い報告がなされ，活発な議論がなされた。また，コメンテーターとして東京大学の大村敦志先生にもご参加いただき，民法学の分野からの貴重なお話を頂戴した。

◇　本誌の発行スケジュールとの関係で，各執筆者の方々には，短期間でのご執筆をお願いし，ご協力いただいた。また，名古道功査読委員長及び査読委員の先生方には，短期間での査読作業であったにもかかわらず，迅速かつ丁寧な査読作業を行っていただいた。この場を借りて皆様に心より感謝申し上げたい。

◇　最後に，本号の編集に当たっては，これまでと同様に，法律文化社の小西英央氏，瀧本佳代氏に大変お世話になった。心より御礼申し上げたい。　　　　　　　　　　　　（天野晋介／記）

《学会誌編集委員会》
唐津博（委員長），天野晋介，石田信平，大木正俊，緒方桂子，奥貫妃文，藤内和公，富永晃一，戸谷義治，成田史子，長谷川珠子，畑井清隆，春田吉備彦（2014年2月現在）

債権法改正と労働法　　　　　　　　　　日本労働法学会誌123号

2014年5月10日　　印　刷
2014年5月20日　　発　行

編　集　者　日本労働法学会
発　行　者

印刷所　株式会社　共同印刷工業　〒615-0052 京都市右京区西院清水町156-1
　　　　　　　　　　　　　　　　　電　話　(075)313-1010

発売元　株式会社　法律文化社　〒603-8053 京都市北区上賀茂岩ヶ垣内町71
　　　　　　　　　　　　　　　　電　話　(075)791-7131
　　　　　　　　　　　　　　　　Ｆ Ａ Ｘ　(075)721-8400

2014 © 日本労働法学会　Printed in Japan
装丁　白沢　正
ISBN978-4-589-03598-1